大汉天子汉武帝

DAHANTIANZI HANWUDI

子衿／著

大汉天子 千秋霸业
一代雄主 文治武功

汉武帝刘彻，16岁登基，执政54年，被后世评价为中国历史上最伟大的皇帝之一。

他开疆拓土，击溃匈奴、东并朝鲜、南诛百越、西域葱岭、征服大宛，奠定了中华两千余年的疆域版图基础。

他既是一个最高权力的统治者，又是一个有情有爱、血肉鲜活的男人。他和所有人一样都在扮演着自己的角色，书写着自己的传奇故事。

时事出版社

图书在版编目（CIP）数据

大汉天子——汉武帝 / 子衿著. -- 北京：时事出版社，2015.3

ISBN 978-7-80232-826-6

Ⅰ. ①大… Ⅱ. ①子… Ⅲ. ①汉武帝（前 156~前 87）-传记 Ⅳ. ①K827=341

中国版本图书馆 CIP 数据核字(2015)第 022914 号

出 版 发 行：时事出版社

地　　　址：北京市海淀区万寿寺甲 2 号

邮　　　编：100081

发 行 热 线：(010)88547590 88547591

读者服务部：(010)88547595

传　　　真：(010)88547592

电 子 邮 箱：shishichubanshe@sina.com

网　　　址：www.shishishe.com

印　　　刷：北京市业和印务有限公司

开本：787×1092 1/16 印张：17 字数：187 千字

2015 年 3 月第 1 版 2015 年 3 月第 1 次印刷

定价：29.00 元

前言

preface

他是中国历史上第一个用儒学统一中国思想文化的皇帝；

他是中国历史上第一个创立太学，培养人才的皇帝；

他是中国历史上第一个致力于开疆拓土，奠定中国辽阔疆域的皇帝；

他是中国历史上第一个促进中外交流，经营西域的皇帝；

他是中国历史上第一个用年号纪元的皇帝；

他更是中国历史上第一个发布罪己诏进行自我批评的皇帝。

他创造了中国历史以及中国帝王史上的六个第一，用叱咤风云的一生书写了声名赫赫的历史传奇，他就是中国历史上雄才大略的汉武帝。

有人说，中国历史上有两位开天辟地的帝王，一个是秦始皇，一个是汉武帝。秦始皇开创了中国历史上第一个中央集权的统一帝国，带领中国跨越了一个划时代的分界岭。但秦始皇的帝国寿命非常短，仅仅持续了15年就走向了覆灭。汉武帝也是开天辟地的帝王，他开创的是中国两千多年封建统治的思想先河，是中国辽阔疆域的广袤土地，是鼎盛帝国独特的意识形态。他卓越的功绩在于承前启后，以独具开创性的特点完成了秦始皇所创造的帝国时代，并用在位的五十余年，将西汉的强盛推上历史的顶峰。

汉武帝代表了一个时代，一个封建社会从建立到巩固再到统一的发展历程。他的雄才大略，深谋远虑，当之无愧是中国历史上最杰出的帝王之一。

汉武帝的一生无疑是辉煌的，是波澜壮阔的，但同时也是备受争议的。他是一个多面的人，他是政治家、是统治者，同时又是一个和所有人一样，懂得喜怒哀乐的普通人。他是明君，爱惜贤臣；他又是暴君，杀戮任性。他为历史创下盖世之功，同时又为苍生带来战乱苦难。他聪明盖世，却又糊涂透顶，为区区汗血宝马，令数万将士埋骨沙场。他情意绵长，却又冷酷无情，为大汉江山，不惜挥刀断情，杀母立子。

褪去帝王的光环，他不过也只是一个有血有肉的人，一个有情有爱的灵魂。面对两难的抉择，果断自信的背后，他也有犹豫和怀疑。他有快乐，也有哀愁，有大度也有算计。他会因遭遇挫折而一蹶不振，也会因卓绝功勋而沾沾自喜。他喜爱美丽的女子，铁血的背后依然可以柔情满腹。他也如天底下的男子一般，会犯下喜新厌旧，薄情寡性的错误。

我们在这里讲汉武帝，讲的不是那个高高在上的皇帝形象，讲的不是那段光辉灿烂的历史时代。我们讲的是一个有血有肉的刘彻，一个鲜活真实的刘彻；他不是一个脸谱，也不是一个符号，他是一个人，一个充满喜怒哀乐，一个有优点也有缺点的人。我们希望通过这本传记，向读者展现出一个多样化的刘彻，而不仅仅只是一个高贵的皇帝。

现在，让我们开启这个光辉灿烂的年代，跨越亘古时空，一起去看看刘彻这个人吧！

目录

contents

汉武帝一生的主要奋斗目标，除了抗击匈奴之外，就是与本朝的外戚、诸侯等作斗争，加强中央集权。随着窦氏和田氏之间的争斗落幕，诸侯问题逐渐凸显出来。自西汉初年刘邦大封诸侯王之后，便为后世子孙留下了难以根除的祸患。景帝时期的吴楚七国之乱依然历历在目，削藩问题已是刻不容缓，面对困难重重的诸侯问题，年轻的皇帝刘彻又将何去何从？

庞大的帝国就像是一部精密的机器，每一个组成部分都有各自的功用，只有当每个部分都正常工作，发挥自己的效用，这部机器才可能正常运转起来。作为这部庞大机器的管理者，汉武帝必须兼顾机器的每一个组成零件，及时对出现问题的零件进行修补或替换。而这些林林总总的零件，概括地说就是：吏治、军政、经济、人才。保证这四个基础“零件”按照预定轨道正确运行，就是汉武帝作为帝国管理者的最大职责。

“罢黜百家，独尊儒术”，这可以说是汉武帝人生中做的最重要的决定之一。这一决定影响的不仅仅是西汉王朝的未来，同时也是千秋万代的大事。这一决定让儒学正式成为了中国历代官方的统治思想，为中华帝国注入了恒定的国家意识以及核心价值，致使帝国的组织形式，在儒家思想的维护下，稳定地延续了两千多年。武帝的统治需要“儒术”，但武帝却从来不是一个“儒者”，他将皇权置于天道之下，将“法治”披上“德治”的外衣，以儒饰法，奠定了中国封建社会统治思想的基础格局。

卫青与霍去病是闪耀在西汉天空最引人瞩目的双子星，他们既是舅甥，又同为汉武帝的将军，同样在征讨匈奴的战役中建立了光耀一生的丰功伟绩。他们同为私生子，却有着全然不同的成长经历，而这全然不同的成长经历则造就了他们二人全然不同的个性。卫青谦恭随和，霍去病豪气冲天；卫青沉稳如山，霍去病性烈如火，他们以截然不同的风格与魅力在大汉帝国留下绚烂的一笔。

在汉朝之前，人们对西域的了解很少。甚至连朝廷都不知道除了匈奴之外，西域到底是怎样一番形势。张骞两次出使西域，都是为了在西域国家中寻求盟友，联合起来抗击匈奴。张骞的西域之行虽然没有完全达成目标，但收获还是有的，他为汉朝带来了经营西域的钥匙，同时他开辟的丝绸之路也大大促进了东西方文化的交流，可谓功在千秋。

第一章

意外的皇位

汉景帝前元元年（公元前156年），他的第十个儿子出生了，那也是景帝正式登上皇位的那一年。这是件双喜临门的事儿，但这并不意味着这位呱呱坠地的十皇子将会比其他兄弟获得更特别的地位。后宫佳丽三千人，区区一位美人生下的皇族第十个儿子，距离大汉王朝的权力中心可谓遥不可及。但就是这位毫不起眼的十皇子，在“立嫡立长”的封建帝制中，突破了重重关卡，最终成为中国历史上赫赫有名的一代帝王——汉武大帝。

梦日入怀

在一个极其寻常的早晨，太子宫中一位娇美的妇人抚摸着微微隆起的小腹，望着窗外冉冉升起的太阳出神，不知在思量着什么。或许是为这日出的壮丽所震撼，也或许是为这大汉王朝太子宫的恢弘所沉醉。

就在美妇人若有所思之际，东宫之主、大汉朝的太子刘启出现了，将美妇人揽在怀中，疼惜地握着她柔嫩白皙的手。看到刘启，美妇人娇媚地一笑，在他耳边轻声说道："昨儿个夜里，我做了一个怪梦。"

梦对于古人来说，是具有非常玄妙意义的。早在商朝的时候，甲骨文就有关于占梦的记述，当时商王只要做梦，就会专门找人进行占卜。到周代的时候，甚至还设立了专门解读梦的吉凶的官员。此外，关于梦的解析，也已经逐渐形成了一套说法。比如《周礼·春官》中就有这样的记载："占梦，掌其岁时，观天地之会，辨阴阳之气，以日月星辰占六梦之吉凶。一曰正梦，二曰噩梦，三曰思梦，四曰寤梦，五曰喜梦，六曰惧梦。"意思就是说，要分析解说一个梦，要联系当时的种种情况，比如年月日期、天地阴阳以及日月星辰等。可见，"梦"对于古人来说具有非常重要的意义，是一种对未来或者对某些未知事物的一种解读。

那么，这位美妇人究竟做了什么梦，刘启当然也非常关注这个问题。见已经成功引起了太子的注意，美妇人不徐不缓地接着说道:“我梦见这天上的太阳突然掉了下来，滚到了我的怀里。”

刘启一听，大喜过望:“这可是贵不可言的征兆啊!”

我们的先祖和世界上大多数民族一样，都崇拜太阳，直到今天，我们依然会用太阳来作为帝王的象征。可想而知，当刘启听到自己的宠妾做了这样一个梦的时候，心中该有多么欢喜，这意味着他的儿子将会拥有尊崇而显贵的地位，而这也从另一个侧面表明，他必然会登上权力的巅峰。此时刘启是太子，比太子更高的位置，当然就是皇帝。

而就在这个梦境之后不久，或许就是在同一年，刘启的父亲汉文帝驾崩，刘启顺利登上皇位，成为了大汉王朝又一位英明神武的皇帝——汉景帝。也就在这同一年，景帝的宠妾、那位“梦日入怀”的美妇人为景帝生下了一个儿子，也就是皇家的第十个小皇子，景帝为他取名为彘儿。不难想象，伴随着“梦日入”怀的吉兆，为父亲带来的好运，以及拥有深受宠爱的母亲，这位论资排辈并不显要的十皇子，必然深得景帝宠爱。

那么，关于这个“梦日入怀”的故事，到底是真是假呢？在《史记》和《汉书》的《外戚传》中，都记载了这个故事，但这位太子宠妾究竟是不是真的做了这样的梦，谁也不能确定，毕竟没有任何人能进入她的梦中一探究竟。但从这个梦中，我们却能清楚地窥探到一个女人的野心。如果说这个梦是她捏造的，那么很显然，早在儿子出生之前，这个女人就已经开始为他造势，为他铺垫日后一步步走向权力中心的道路了；即便这个梦是真的，那么也只能说明日有所思，夜有所梦，她对自己未出生的儿子显然抱有更大的期许。

汉景帝可以说是个“高产皇帝”，一共有十四个儿子，这十四位皇子分别由六位嫔妃所生。其中，唐姬生了一个；贾夫人生了两个；栗姬生了三个；程姬也生了三个；王美人生了一个；王美人的妹妹王兒姁生了四个。这王美人王娡，就是我们之前提到的，那位“梦日入怀”的美妇人，皇十子彘儿的亲生母亲。

王娡是个有野心，同时也是非常厉害的女人。要讲王娡，就必须要提一提她的母亲臧儿。当年，楚霸王项羽封十八路诸侯王，其中一路燕王名叫臧荼，这臧儿就是臧荼的亲孙女。项羽失势后，臧荼曾投降刘邦，但后来又生二心，起兵造反，最终败于刘邦手下，臧氏家族从此在世上消失。臧儿侥幸逃过一劫，嫁给了一个名叫王仲的人，还生下一男二女，男孩名为王信，两个女儿则正是王娡和王兒姁。后来没过多久，臧儿的丈夫王仲因病去世，臧儿立即改嫁去了长陵田家，一气儿给田家添了两个男丁，取名田蚡和田胜。从臧儿的经历以及她的抉择不难看出，这是一个非常现实且理性的女人，她非常清楚，自己一个女人想要在世上立足是非常困难的，她需要丈夫作为自己的“靠山”，因此在第一个“靠山”去世之后，她毫不犹豫地以最快的速度为自己寻找到了另一个更好的归宿。在这样一个母亲的影响下，王娡会成为怎样的人并不难想象。

臧儿不仅仅懂得为自己考虑，更懂得为女儿打算。王娡才刚到适婚年龄，臧儿就赶紧给她找了一个金龟婿金王孙。这个金王孙虽然不是什么朝廷权贵，但家里估计也算得上小富小贵，完全可以让王娡安安逸逸地过一辈子。但显然，臧儿并不满足于此，或许在她的心中，依旧埋着一个“光复臧氏家族”的梦想。

一天，臧儿遇着了一个算命先生，这算命先生告诉臧儿说：“你的两个女儿，那都是大富大贵的命！”古人都特别迷信，但即便如此，恐怕也没几个人会因为一个占卜就做出颠覆一生的决定，但臧儿偏偏却是这样的一个“冒险家”。她认为，算命先生口中的“大富大贵”，并不是区区一个金王孙能够承担的，于是她做出了一个果断而大胆的决定：让女儿王娡和金王孙离婚。

那么离婚之后呢？究竟哪里才入得了臧儿的眼，符合她所期许的“大富大贵”？很快，臧儿把目光瞄向了皇家，或许唯有皇家的威仪才配得起她一生中最重要的筹码——两个如花似玉的女儿。于是，在臧儿的推动下，王娡和王皃姁先后被送入了太子宫。

在汉朝时期，妇女离婚、寡妇再嫁是非常正常的，当时社会上并没有女性从一而终的贞操观念。但即便如此，依然很难想象，皇室怎么可能让一个有婚史的妇人进入太子后宫？太子就是未来的皇帝，给太子选妃和给皇帝选皇后性质差不多，绝对不可能马虎。《后汉书·后妃序》里有一段关于选妃的记载：“汉法，常因八月算人，遣中大夫与掖庭丞及相工，于洛阳乡中阅示良家童女，年十三以上，二十以下，姿色端丽，合相法者载还后宫，择视可否，乃用登御。”意思就是说，按照汉朝律法，一般在秋季开始选妃，选妃的时候，除了有专门的官员之外，还要有个相面的，他们会在各处挑选没出阁的姑娘，一般是十三岁以上，二十岁以下的，长得漂亮面相好的才有机会入宫，接受下一步的筛选，过了筛选，才能最终成为皇帝的妃子。

我们可以大胆推想，当年臧儿送王娡入太子宫，很可能隐瞒了王娡的婚姻史，这不亚于一场以命相搏的豪赌。如果说臧儿的野心已经超过了理智，那么王娡的野心显然并不比母亲小。在王娡和金王孙离婚的时候，她已经和金王孙生了一个女儿，但在母亲的鼓动之下，王娡竟能狠下心抛夫弃女，去追逐那充满不确定性的大富大贵，可见这个女人心中的欲望之强烈。

所幸这场豪赌可以说非常成功。

王娡在入宫之后，很快就得到了太子刘启的宠爱，先后生下三个公主，之后又生下了那个深得刘启宠爱的十皇子。王娡的妹妹王兒姁就更不得了了，一气儿给刘启生了四个皇子。虽然历史上没有详尽记载，但可以想象，王娡和王兒姁必定都是非常漂亮的，在美女如云的后宫，如果不是相貌特别出众，恐怕很难一鼓作气给太子添这么多孩子。而臧儿之所以敢投入这场"赌局"，也是因为手中的筹码分量足够，而她的筹码显然就是女儿的美貌。

再说回我们的主角，皇十子彘儿。不管他的母亲有多得宠，他也不过只是个普通嫔妃的儿子，地位比不过嫡子；不管他自己有多得父亲的欢心，他也不过排行第十，前头还有九个哥哥。我们知道，中国的封建帝王继承制度主要遵循两个原则：一是立嫡；二是立长。嫡子指的就是正妻的儿子，也就是皇后生的儿子；长子当然就是皇帝的第一个儿子。显然，彘儿两个优势都不占，那么他究竟有没有可能应验"梦日入怀"的尊贵呢？这恐怕还要看看大汉宫闱的风云变幻。

五个女人的博弈

拥有十四个儿子的景帝显然已经用事实证明了他的生育能力，但奇怪的是，他却没有嫡子，也就是说他的皇后没有生育。皇后没有生育不外乎两种可能：一是不得宠；二是不能生。而这两个原因中，恐怕前者更有可能。

景帝的第一个皇后姓薄，在他还是太子的时候，祖母薄太后就为他指定了这位太子妃，也就是将来的皇后。

薄太后曾经是楚霸王旗下诸侯魏王魏豹的一个嫔妃，在魏豹兵败之后成为了刘邦军中的一个女工。一次，刘邦偶然见到了薄姬，觉得她长得很漂亮，于是就把她收入后宫。但很快，刘邦就把这个女人给忘记了，那时，他的身边环肥燕瘦，哪还想得起偶然遇见的薄姬。

刘邦和薄姬的夫妻情分实际上只有短暂的一夜，但就是那一夜，让薄姬怀上了刘邦的第四个儿子刘恒，也就是后来的汉文帝。

在刘邦所有的嫔妃中，薄姬是最受冷落的，但这一点在刘邦死后，却成为了薄姬和刘恒的“救命符”。吕后掌权之后，对刘邦的嫔妃和皇子都进行了“大清洗”，唯独放过了无足轻重的薄姬和刘恒，将他们“放逐”到了代地。

高后八年（公元前180年），齐王刘襄和弟弟刘章共同起兵，从吕家手中夺回政权，而在拥立皇位继承人的时候，诸大臣却共同推举了在这场政变中几乎没有什么功劳的刘恒为帝。诸大臣之所以有这一决定，一是看中刘恒“无能”，只有无能的人才可能成为一个听话的“傀儡皇帝”，像刘襄和刘章这样的少年英杰，一旦登上帝位，必然非常难以控制；另一点则是看中薄姬“无势”，吕后临朝的教训还历历在目，薄姬谦恭柔顺，薄家人也奉公守法，这一点让人非常放心。

当然，汉文帝一即位，马上就露出了真面目，把一帮子试图“驾驭”他的朝臣治理得服服帖帖，可见他“藏于九地之下”和“动于九天上”的功夫也算是修炼得炉火纯青了。

薄姬是非常幸运的，一直以来，她都是宫闱之争中最与世无争，同时也是最无足轻重的人，可最后，偏偏却是她成为了最大的人生赢家。随着境遇的改变，人的心态也会发生相应的变化，薄太后也不例外。当她的儿子成为大汉朝最有权势的人之后，她也不再是当年那个畏畏缩缩，普普通通的嫔妃了，她开始想方设法地为娘家人谋福利，而她为娘家人谋福利的方式就是，将本家的孙女嫁给自己的孙子刘启做太子妃。刘启显然并不喜欢祖母为自己指定的媳妇，但在当时的情况下，他并不敢违抗薄太后。

景帝登基之后，薄太子妃自然成为了薄皇后，但薄皇后无子又无宠的局面却使得大汉宫闱埋下了动荡的种子。“无子”，使得景帝在选择继承人的时候直接跳过了嫡子；“无宠”，必然导致薄皇后后位不稳，而一旦后位空缺，这后宫之中任何一个女人都是有机会替补上的。

没有嫡子，长子就成为了最具备竞争力的“合法继承人”。景帝的长子叫刘荣，为栗姬所生。栗姬算是后妃之中陪伴景帝时间比较长的人，一共为景帝生下了三个儿子。景帝四年（公元前 153 年）的时候，皇长子刘荣正式被册封为太子，与此同时，深得景帝喜爱的皇十子彘儿也被册封为胶东王，东宫归属似乎已经尘埃落定。但令人意外的是，在册封太子的同时，作为太子生身母亲的栗姬却没有被立为皇后，这是非常令人遐想的。皇后依旧是薄皇后，栗姬的儿子则成为了太子，皇后位与太子位的两下分离似乎表明，这一切依然存在着重大变数。

但可惜的是，栗姬并没有注意到这个危险信号，反而因此在心里埋怨上了景帝。可以说，正因为栗姬的幼稚和短视，才造成了皇长子刘荣最终的悲剧。

在刘荣被立为太子之后，另一个在大汉宫闱之中有着重要地位的女人开始行动了，她就是景帝的亲姐姐，长公主刘嫖。刘嫖迫不及待地向栗姬抛出了橄榄枝，想把自己的女儿嫁给刘荣。

在汉朝，皇帝的女儿称为“公主”，皇帝的姐妹则称为“长公主”，皇帝的姑妈则称为“大长公主”。刘嫖是窦太后的第一个女儿，又称馆陶公主，深得窦太后宠爱。刘嫖和景帝的关系是非常好的，一直以来，她都扮演着景帝的“婚姻介绍人”，想尽办法地为他寻觅美人。在这方面，刘嫖的眼光十分精准，她所推荐的美人几乎都受到了景帝的宠爱。亲缘关系再加上这一层隐秘的交流，使得长公主刘嫖在景帝身边占据了举足轻重的地位。

对于和栗姬攀亲这件事，长公主本来是十拿九稳的，但她没想到，自己才提出这一建议，就立马被栗姬拒绝了，并且拒绝得十分干脆冷漠。这下子长公主脸面上挂不住了，气愤得不得了。而就在这个关键的时候，王娡王美人突然出现了，主动贴上了长公主，对她各种示好。王娡确实非常会把握时机，她在长公主自尊心最受挫的时候出现，很快就走近了处于“脆弱期”的长公主身边，开始和她“姐妹情深”了。

王娡也是有个儿子的，虽然排行老十，但却深得景帝喜欢，加之王娡也一直十分受宠，这些优势使得皇十子彘儿在皇子中的身价骤然上升。失去了攀结新立太子刘荣的机会后，长公主立马就将目光转移到了这个同样颇具战斗力的“新姐妹”的儿子彘儿身上，并向王美人提出了结亲的想法，王娡当然大喜，立即应允，和长公主刘嫖结成了坚定的同盟。

这长公主刘嫖的女儿非常出名，就是“金屋藏娇”里说的那个陈阿娇。据说有一次，长公主抱着彘儿玩，逗弄他说:“你想娶老婆吗?”之后又将身边漂亮的宫女们都点出来，问他喜不喜欢，但彘儿却一直摇头，谁都看不上。就在这个时候，长公主的女儿阿娇蹦蹦跳跳地出来了，彘儿突然开口说道:“要是能娶阿娇做媳妇，必作金屋贮之。”

这个故事流传久远，其真实性却令人质疑，《史记》和《汉书》中都没有相关记载。这一典故最初出自于《汉武故事》，此书作者署名是班固，但历史上却无据可查，很可能是后人托班固之名而写成的野史。但无论如何，这个流传已久，独具浪漫色彩的故事为陈阿娇日后的悲剧涂抹上了一层颇具讽刺意味的色彩。

总之，王美人和长公主的结盟使得大汉宫闱之中的权力分配出现了一个巨大的转变。在结成统一战线之后，长公主立即发挥出了她惊人的效用和影响力，她开始利用在景帝面前说话的机会，极尽所能地诋毁栗姬，其目的自然是为了将太子刘荣拉下东宫之位。

事实上，如果只依靠长公主的诋毁，栗姬和刘荣的地位并不一定会受到威胁，最终让栗姬和刘荣走向灭亡的，还是栗姬本人所犯下的无可挽回的错误。

大约在景帝前元七年前后，景帝生了一场大病，这场病非常严重，景帝甚至一度认为自己大限将至。一天，他把栗姬叫到了床前，对她说道:“朕死了以后，孩子们就只能托付给你来照顾了！”

景帝对栗姬说这句话什么意思？显然是已经在考虑册封她做皇后，把后宫的大权交给她了，这个时期，正是薄皇后被废除后位前后，只要栗姬通过考验，皇后之位唾手可得。可见，即便长公主一直在背后说栗姬的坏话，景帝也依然没有生出过废黜太子的想法，他对栗姬母子还是非常有感情的。这个时候，只要栗姬表现得柔顺一些，遵从景帝的嘱托，那么可能历史就将改写了。但据史书记载，栗姬的反应却是“怒，不肯应，言不逊。”发怒，不答应景帝的嘱托，甚至还出言不逊，可能说出了非常难听的话来驳景帝的面子。

通过这一事件，景帝看到了栗姬的“善妒”与“狭隘”，当年吕太后在高祖皇帝撒手归天之后，迫害皇子皇孙的事情还历历在目，有了那个血淋淋的教训，景帝不得不提高警惕，即便是为后世子孙考虑，栗姬也完全失去了登上后位的资格。

不久之后，病入膏肓的景帝居然痊愈了，病愈之后的景帝并没有忘记此前栗姬幼稚而愚蠢的行为，很快，一个收拾栗姬的机会送到了景帝面前。

前元七年（公元前 150 年）的一天，大行突然上书，奏请景帝册封栗姬为皇后。大行是汉朝专门负责礼仪的官员名称，按理来说，对立后的事情发表一些看法也是情有可原的，但就是这纸奏章，让景帝怒气冲天，拍案而起，直接废掉了刘荣的太子之位，还干脆一不做二不休，把栗姬在朝廷里头的娘家人全部给处死了，大行自然也莫名搭上了自己的脑袋。

景帝对于此事如此震怒自然有他的原因。在景帝看来，一个外朝的大臣突然对立后之事指手画脚，显然是因为背后受到别人的指使，指使的人是谁呢？第一个想到的当然就是直接受益人栗姬。此前在病中的时候，栗姬的表现已经触怒了景帝，而现在，自己才刚病愈，栗姬又急不可耐地勾结外臣来替她说话，怎么能不让人愤怒呢？景帝这一怒，是新仇旧恨一起算。旧恨当然是一定的，但说到“新仇”，栗姬确实冤枉。

从栗姬的种种行为我们可以看到，栗姬这个人非常幼稚且愚蠢，同时还自视甚高。一方面，她始终没有认清一个事实——景帝不仅是她的丈夫，更是高高在上的帝王；另一方面，她没有认清儿子刘荣的处境——太子之位并非固若金汤，皇权斗争的残酷善变随时可能让他从云端直坠深渊。她将自己的喜恶表现得淋漓尽致，甚至因为心中对丈夫有怨就出言不逊。这样的一个人，怎么可能勾结外臣上书“逼迫”景帝立自己为后呢？

事实上，此次事件的幕后主使不是别人，正是皇十子的生母王娡。

聪明的王娡早已号准了景帝的脉，知道景帝心中对栗姬大为不满，故意策动大行上书，激怒景帝，将一个处置栗姬的机会送到了景帝面前。

同年冬天，太子刘荣正式被贬为临江王，他甚至不明白自己做错了什么，就被父亲冷酷地赶出了长安，来到陌生的南郡江陵。之后不久，栗姬也因忧愤攻心撒手人寰。

薄太后为光耀母族，栗姬求丈夫独宠，长公主意图为女儿谋取后位，王美人则力求让儿子登上帝位……汉室宫闱之中，每个女人都怀揣着自己的野心，相互展开博弈，在无形中推动着汉王朝的风起云涌。但到目前为止，却还有一个非常重要的女人没有登场，那就是景帝的亲生母亲，大汉王朝最有权势的女人——窦太后。

窦太后闺名窦漪房，赵国清河人，起初是吕后身边的一名宫女。有一天，吕后突然下令，要将自己身边的一批宫女分别赐给各个刘姓诸侯王，窦漪房当时也在被赏赐的行列。得知这一消息之后，窦漪房便开始盘算，只要自己能被分配到赵国，那就可以和家人团聚了。于是，窦漪房四处托人找关系，贿赂负责分配的宦官，让他把自己分给赵王如意。结果没想到，那主事宦官收钱倒是挺爽快，收完钱就把事儿给忘了，最后把她分去了遥远的代国。一路上，窦漪房哭得死去活来，却没想到，正是这辆破灭了她回家希望的车，带着她寻到了一生的好运。

到代国的宫女一共有五名，在五个人中，代王刘恒却一眼就看中了窦漪房，幸运的是，在得到刘恒宠幸之后，窦漪房接连生下了一女二子，立刻稳固了自己在代宫中的地位。受宠得子，这是窦漪房在代国的第一重好运，但她的运气还不止这些。在刘恒宠幸窦漪房之时，他已经有了一位王后，这位王后还为刘恒生下了四个儿子，也有史书记载说是三个儿子。如果这位王后长命百岁，那么恐怕窦漪房这一生也只会是个普通的嫔妃，但可惜，王后薄命，没多久就死了，更为奇怪的是，在汉文帝称帝之后，这位王后所生的几个儿子竟然也相继病死。这样一来，深受文帝宠爱的窦漪房就有了成为皇后的契机，而她所生的儿子，也顺理成章，有了继承大统的机会。可见，窦漪房是非常幸运的，她几乎没有为自己谋夺什么，命运就将她带到了权力的高峰，让她成为了大汉朝最有权势的女人。

我们知道，在中国封建帝王史上，太后的影响力是不容小觑的，况且，汉室王朝还崇尚以孝道来治理天下，这就使得太后的地位更加卓越超群了。在朝堂上，皇帝为尊，但退了朝，皇帝依然是太后的儿子，儿子还得听从太后。而这选继承人，在朝堂上来说是国事，但退了朝，就变成家事了，既然是家事，作为一家之长的老太后，当然是很有发言权的。因此，不管后宫里头的女人斗得再怎么热闹，实际上最有效用的一票，依然还是掌握在窦太后的手中。那么，窦太后心目中最中意的储君人选究竟是谁呢？当然不会是前太子刘荣，在王美人、长公主以及栗姬之间的明争暗斗中，窦太后始终没有表示过对刘荣或者栗姬的支持。那么，她又会不会中意王美人的儿子，皇十子彘儿呢？

角逐东宫之位

在景帝一朝，后宫之中最有权势的女人显然正是他的生母窦太后，但在王美人、长公主和栗姬为角逐储君之位使出浑身解数的时候，这个站在权力巅峰的女人却并没有加入战局，这是非常有趣的，窦太后是个极其多事的女当家，这一点在之后很多史实中都有所反映，因此，对于选择未来储君这么重大的事情，她不可能完全撒手不管，那么，她所中意的继承人，到底是哪一位皇子呢？

事实上，都不是。

窦太后和其他女人一样，同样有着自己的野心和筹谋，她的心目中同样也有自己支持的人选，只不过这个人选非常特别，他不是景帝十四个儿子中的任何一人，而是景帝的弟弟，她的小儿子——梁王刘武。

此前说过，窦太后一共生了三个孩子，长女刘嫖、次子刘启以及幼子刘武，对于最小的孩子，母亲总是会有所偏爱，这是人之常情，窦太后也不例外，这一点单从刘武的封地就能看出来。刘武被封为梁王，其封地梁国大约就在山东的西南，一直向南到河南的东部，然后再涵盖河南南部，一直跨越了山东及河南两省。这地方非常富庶，绝对是当时的一块大肥肉。再看梁王王后的墓地，大约就位于今天的河南永城，那规模真是令人叹为观止，这些实际上都反映了窦太后当时对梁王的关照和偏爱。

按道理说，这窦太后并不是个不通情理的无知妇孺，哪怕她再怎么偏爱自己的小儿子，也不能生出这种希望小儿子来继承大儿子皇位的荒唐思想才对，可她怎么就偏偏有了这种不靠谱的想法了呢？这实际上和景帝是脱不了干系的。

在皇长子刘荣还没有被册封为太子的时候，窦太后曾经在皇宫里开过一场小家宴，把家里亲近的那些亲戚都叫来了，其中包括景帝、梁王刘武，还有窦太后的亲侄子窦婴。当时在家宴上，大家喝得都很开心，景帝突然就说了一句："千秋之后，传位梁王。"

这话一出口，窦太后乐不可支，景帝这句话真是说到了她心窝子里头去了。但窦婴赶紧跳了出来，一本正经地反对景帝说："这父子相传是汉朝祖宗传下来的规矩，皇上你怎么能擅作主张生出这么大逆不道的想法呢?"

就因为这一句话，太后记恨上窦婴了，太史公司马迁在《史记》中记录了这一家宴的情况，当时就写下了三个字："太后憎。"因为一句话，太后开始憎恶她的亲侄子，甚至还把窦婴自由进出皇宫的权利给取消了。可见，窦太后的心里是多么希望梁王刘武能够继承大统。

再说回景帝，景帝为什么会说出这样的话，让窦太后生出了这种不切实际的希望呢？他到底是酒后失言还是真心实意这么想的？事实上，在家宴之后的第二年，景帝就正式将皇长子刘荣册封为皇太子了，可见，传位梁王，绝对不是景帝的真实心声，那么当时他又为什么要说出这样的话呢？很可能有两方面的原因：

原因一，自然就是要讨好窦太后。在汉朝，太后与皇帝之间是存在一定的掣肘关系的，在孝道的“压迫”之下，景帝很可能是为了讨窦太后欢心才有此一说，可见，窦太后对梁王刘武的疼爱几乎是人尽皆知的事情了。

原因二，则很可能是为了安抚梁王。为什么要在这个时候安抚梁王呢，我们之后再说。

但无论如何，景帝这话都不可能是出自真心的，单从人伦情理上来说，景帝有十四个儿子，儿子比兄弟，那是要更亲近的，怎么可能把皇位传给兄弟而不传给儿子呢？但就是景帝的这句话，却在窦太后和梁王心中都埋下了野心的种子。

就在此事过后不久，同年春天时，七国之乱爆发了。要说七国之乱，还得从楚汉相争时期开始说起。当时，刘邦迫于形势，为了收买人心，便分封了异姓诸侯，高祖五年（公元前 202 年），刘邦称帝之后，给予了这些诸侯国非常大的政治便利，这些便利让这些诸侯国在之后的发展中成为了实际上的独立王国，对中央集权统治造成极大障碍。

后来，刘邦开始意识到异姓诸侯王对自己统治的威胁，于是开始着手将这些他所分封的诸侯王逐个消灭，但与此同时，他却又认为，异姓诸侯王不可靠，同姓子弟却是可靠的，于是在消灭异姓诸侯王之后，又陆续分封了九个刘姓的宗族子弟为诸侯王，企图利用血脉相承的关系来让他们共同护卫刘氏王朝。

刘邦死后，吕后掌权，开始将自己本家的人也封为诸侯王，引起了刘氏宗族子弟的强烈反对。吕后死后，刘姓诸侯王立即起兵，把吕家势力连根拔起。

文帝登基之后，由于自身实力有限，地位本来就不太稳固，而此时尚存的刘姓诸侯王，在经历两三代的更迭之后，实际上与文帝的亲缘关系已经很远了，亲缘关系的减弱使得这些同姓诸侯王也开始相继生出异心。为了稳定政局，加强自己的地位，文帝开始采取一些措施，一方面将列侯遣往封地，以便控制首都局面；另一方面则开始分封自己的儿子为诸侯王。

到景帝登基的时候，诸侯国势力与中央专制皇权势力之间的矛盾已经到了一触即发的地步，削减诸侯王势力已经刻不容缓。景帝二年（公元前 155 年）的时候，御史大夫晁错给景帝上了一封奏疏《削藩策》，提议景帝展开削藩，加强中央集权。次年冬天，景帝正式采纳晁错的意见，削夺了吴、楚等诸侯王的封地。景帝的削藩举措引起了各诸侯王的强烈抗议，于是，以吴王刘濞为首的七个诸侯王共同联合起来，以“清君侧”为名，联手发动政变，这就是我们所说的“七国之乱”。

那场家宴时间正好处于景帝准备削藩之后，七国之乱发生之前，因此可以推断，景帝之所以有那样的言辞，很可能是为了拉拢并安抚梁王，以应对削藩引发的负面影响。

在平乱的过程中，景帝起用了名将周亚夫作为总负责人。在出征之前，周亚夫和景帝进行了一场彻夜长谈，根据当时的形势，周亚夫向景帝汇报了自己的作战计划，概括来说就是四个字：“丢车保帅”。这“车”

正是梁王刘武的封地梁国。

此前说过，梁国非常富庶，对于叛军来说，绝对是一块足以让他们垂涎三尺的“肥肉”。再加上梁国地理位置非常重要，如果叛军想要攻入函谷关，就必须首先拿下梁国，否则一旦攻打失利，梁国便可能切断叛军粮道，断绝其生机。因此，周亚夫认为，梁国对于叛军来说，是志在必得的重要战略要地。而按照当时的情势分析，直接与势头正盛的叛军发生正面冲突是非常不明智的，因此不如将梁国作为诱饵丢出去，用来牵制叛军的兵力，打乱他们的阵脚，拖延时间来调动中央主力，再一举切断叛军粮道，如此，大局可定。

周亚夫这一计划是非常符合当时的实际状况的，但这一计划对他个人来说却非常冒险。梁王刘武是窦太后的心肝宝贝，以梁国为饵，若梁王有个什么好歹，窦太后绝不会善罢甘休。因此，能够提出这个计划，说明周亚夫这人确实令人佩服，谋国不谋身，只为国家的利益考虑，而不为自己的利益思量。

战事开始之后，梁国果然很快遭遇了叛军的猛烈攻击，梁王苦苦支撑战局，却始终等不来朝廷的援兵。无奈之下，梁王几乎每天都要派遣一名使者去向周亚夫要救兵，但周亚夫却始终不为所动，不肯出一兵一卒来支援梁王。在叛军的疯狂进攻下，梁国数次险些被攻破，据说在战事最紧张的时候，梁王竟亲自跪在以韩安国为首的六位梁国大将面前，声泪俱下，请求他们一定要守住阵地。可见，当时梁国确实危在旦夕。后来实在没办法了，梁王一状告到了景帝那里，说周亚夫不肯派兵支援梁国。景帝一收到消息，倒也没有耽搁，立即就下了一封诏书，让周亚夫赶紧出兵救援梁国。结果呢？周亚夫不听。

事实上，景帝这道诏书不过就是做做样子，做给梁王和窦太后看。抗旨不遵，罪当杀头，周亚夫抗旨之后，不仅没有受到惩罚，在平乱结束之后，反而因为军功而受到景帝重用，可见，牺牲梁国挽救大局的策略早已经得到了景帝的首肯。

此次平乱中，能够取得最终胜利，梁王刘武确实功不可没，但相对的，梁国也因独自抗衡敌军而大大削弱了实力，景帝可以说是这场战事中最大的获益者，至少从此之后他不必再担心弟弟刘武能够与自己抗衡了。

就在平乱过后的第二年，皇长子刘荣就被册封为太子。景帝此举，既是顺应了朝臣要求，同时也断绝了梁王和窦太后的念头，用行动告诉这母子俩:“朕还是觉得父子相传更靠谱。”

可见，对于景帝立皇长子刘荣为太子这件事情，窦太后心中肯定不会太痛快，或许还堵得慌，因此，窦太后对刘荣和栗姬几乎没有表示出任何支持的态度。而栗姬本人也不争气，最终未能通过景帝的“考验”，连累儿子把储君之位也给丢了。

空缺的太子之位再次撩拨起了窦太后为梁王刘武争取继承资格的心思，王美人和长公主还没来得及行动，窦太后就跳出来开始动作了，再次向景帝提出，要立梁王刘武为储君的意思。

面对窦太后的霸道，王美人依旧按兵不动，她很聪明，她知道与窦太后进行正面对决是没有任何胜算的，况且，对付窦太后这件事情，不需要她有任何动作，景帝自然会主动出手。

果不其然，在窦太后表明自己的意思之后，景帝立即表示欣然同意，但是，景帝又向窦太后提出，说立储这事儿很重大，不仅仅是家事，还是国事，他同意、太后同意还不够，还应该和朝中大臣商量一下。景帝的提议非常合理，窦太后也不好反对，景帝就这样顺理成章地把这个难题踢给大臣了。

紧接着，群臣在袁盎的带领之下直接闯进太后宫中面见窦太后。这袁盎是个非常有名的人，在文帝时期因为人正直又颇有才干，被世人赞为“无双国士”，口才也是非常了得。

一见到大臣们，窦太后就直接亮明自己的观点：立梁王为储君。袁盎一听窦太后的意思，也没有着急反驳，而是不慌不忙地问道：“那依太后的意思，梁王他日继承大统，之后又该让谁来继承梁王呢?”

窦太后想也没想，很干脆地答道：“当然是再传位给景帝的儿子了。”

袁盎等的就是窦太后这句话。他不紧不慢地说道：“春秋时候有一个宋国，宋国国君宋宣公和他的弟弟兄弟情深，死前把国君之位传给了弟弟。弟弟一直对宋宣公心怀感激，于是在百年之后，又留下遗诏，说要把国君之位还给宋宣公的儿子。结果这样一来就乱套了，宋国的权臣们各自拥立一派，谁也不服谁，使得宋国陷入了血雨腥风的权力斗争之中，国无宁日。”

窦太后是个聪明人，经袁盎这么一点拨就想通了，即便自己今日能够为梁王取得储君之位，那么百年之后呢？梁王的后人和景帝的后人该怎么办，她可没法子安排了。若因一时私心而致使大汉陷入权力争斗，致使刘氏一族兄弟失和，那么自己就成千古罪人了啊。想通了这个道理，窦太后终于偃旗息鼓，再也不提立梁王为储君的事情了。

受命运垂青的十皇子

在储君之位的角逐中，窦太后终于黯然退场，但这并不意味着梁王的野心会随之覆灭。

梁王是个怎样的人呢？两个字形容特别贴切：骄横。梁王的骄横，窦太后是要负主要责任的，因为有她的偏爱，有她这把巨大的保护伞，才纵容了梁王的骄横。

景帝在登基之初，就已经意识到了吴楚等诸侯王对自己的威胁，因此，为了增强自身实力，同时也是为了让母亲高兴，景帝一直有意识地对梁王刘武进行拉拢，甚至常常邀请刘武和自己一起乘坐车辇。

在古代，礼节排场是有严格的等级限制的，不管你多有钱，多有能力，出入的排场都应该遵循你的身份而设置，不然就是僭越了。就像诸侯王出行所乘坐的车辇和天子出行所乘坐的车辇，那是有一定区别的，要是诸侯王的排场超过了天子，那就是大不敬了，往严重了说，那和谋反无异。

那么，梁王是怎么样呢？史书上有这么一句记载，说梁王“出入游戏僭于天子”。意思就是，“出入游戏”的排场各方面，已经是比景帝的阵仗还要豪华了。这当然只是反映了梁王搞特殊的其中一个方面，但就这副做派，景帝能高兴吗？皇帝拉拢你、纵容你，邀请你一块儿乘坐天子才能享受的车辇，那是皇帝对你的“宠”，但皇帝不发话，你却自觉地把自己排场扩大了，这就是“不敬”了，和其他诸侯王有什么区别呢？

梁王的做法实在是太无法无天了，甚至引起了朝臣的议论，这种放肆甚至连一度偏爱着他的窦太后都有些看不下去了。为了给梁王一个警告，实际上也是为了变相地保护梁王，窦太后数次对梁国派来的使者严加斥责，希望梁王就此收敛。但结果，这梁王完全被宠坏了，根本没把这件事放在心上。

几次之后，窦太后是着实生气了，梁国使者再来，直接拒绝接见，梁王这个时候才真正意识到，母亲这回是来真的。为了安抚窦太后，重拾窦太后的信任，梁王赶紧搬出了雄韬伟略的韩安国。就是那个在吴楚七国之乱的时候，梁王曾经跪拜请求其死守阵地的那个韩安国。在抵御叛军的过程中，韩安国等人可谓功劳卓著。

韩安国这人非常聪明，对形势看得非常清楚、透彻，首先，他明白一件事情：真正能够给予梁王庇护的人，是窦太后，只有牢牢抓住窦太后的心，梁王才可能安安稳稳。虽然明白这一点，但现在只要是梁国派去的使者，窦太后一律不见，他又该怎么办呢？韩安国很明智，他的算盘打到了长公主刘嫖的身上。这是一步非常明智的棋，刘嫖与刘武是亲姐弟，必然会顾念亲情，为刘武说句好话。此外，长公主刘嫖同样是窦太后的心头肉、贴心小棉袄，她说的话顶用。

于是韩安国找到了长公主，一见着她就开始声泪俱下地哭诉起来了，直接搬出七国之乱时候，梁王一一跪请各位将军力守梁国的事情，避重就轻地打出了亲情牌。韩安国给长公主分析，为什么提这事呢，主要是这事深刻地证明了梁王对太后的孝顺和对皇上的忠诚。在危急时刻，梁王不顾念自己的尊严，当众向各位将军下跪，为的是什么？还不是为了守住皇上的江山，让太后在京城里能安枕无忧。梁王之心，可鉴日月啊！再说了，梁王为什么会僭越？那还不是因为一直受到太后和皇帝的宠爱，在宫里头常常和皇帝一起出入，习惯了天子的礼仪。那时候，可没人说梁王这是“僭越”问题。而现在呢，梁王在梁国排场确实过分了些，但他所使用的那些物品，都是皇上赏赐的，这梁王这么干，其实就跟小孩子炫耀长辈给他的东西一样，并没有坏心眼，他就是想让自己的子民见识见识皇家的威仪。

经韩安国这么一解释，长公主听着觉得挺有道理，就把这番话转述给了窦太后，窦太后这才渐渐平息了对梁王的愤怒。而景帝呢，既然太后都不再提了，至少在表面上，他也不再就此事进行追究了，但这心里头的坎儿嘛，恐怕没那么容易过去。

这些事情都是发生在太子刘荣被废之前的，由此可见，景帝对梁王心存芥蒂，已经是件很长久的事情了。而梁王想要成为天子的野心，恐怕也从来不曾湮灭过。而储君之位的空缺则再次助长了梁王的野心，让他遥不可及的想法再次燃起熊熊欲火。但他没想到的是，他野心最大的支持者，也是最为有力的支持者窦太后居然会打退堂鼓，不再像从前那样，为他积极争取继承人位置了。梁王这回是真急了，赶紧派出探子四处打听，自己是不是哪里做得不好，又把太后给得罪了。

这一打听不得了，袁盎率领一众臣子面见窦太后的事情给他打听出来了。梁王大怒，直接就破口大骂起来:“你们这群老匹夫，成天乱讲什么，居然敢坏了我的好事！你们要守祖制是不是？好，我马上就把你们都送去见先帝，让你们好好讲祖制去！”

这种大逆不道的话，梁王也敢毫不避讳地说，这点再一次证明了他的骄横。他骄横，他手下的人同样如此。见主子这么恼怒，梁国的谋士羊胜和公孙诡等人赶紧讨好地站出来了，顺着主子的意思，把袁盎那群老臣子大骂一通，然后对梁王说:“既然那群老匹夫敢和您过不去，那就一刀杀了好了，一了百了嘛。”

袁盎他们是什么人？大汉朝的朝臣，是皇帝亲自册封，予以承认的臣子。他们的生杀大权，只可能掌握在皇帝手里。可看看，梁国的谋士，竟敢轻易地提出这种荒谬至极的报复手段，骄横至极啊！更为荒谬的是，梁王一听这没脑子的建议，居然大为高兴，当即就同意了，还拍手称快。这可急坏了韩安国，但有什么用呢，他根本阻止不了怒气冲天的梁王。

几天之后，羊胜和公孙诡果然带着一批刺客潜入京城去刺杀那日跟随袁盎一同面见窦太后的老臣子去了。当时，袁盎在关中的名声是非常大的，很多人都对他的品格十分敬佩，梁国前去刺杀袁盎的第一个刺客在听闻他众多事迹之后，因佩服他的为人而没有下手，还将梁王准备刺杀他的事情告诉了他，让袁盎自己好好防备。结果，几天之后，袁盎还是被第二批刺客刺杀身亡了。

除了袁盎之外，死在梁国刺客剑下的，还有十几名德高望重的老臣子，闹得这京城里是人心惶惶。景帝对此事非常重视，这可不仅仅是谋杀的问题了，这些胆大包天的匪徒，竟然敢到天子的眼皮底下，犯下这种罪行，谋杀的还是天子亲自任命册封的官员，这和直接威胁天子根本没有任何区别。

世上没有不透风的墙，很快，这笔血案的线索就指向了梁国。就在这生死存亡的关键时刻，梁王的骄横毛病再次发作了，他竟然打开宫门，让羊胜和公孙诡等一干人等藏在了梁国的王宫之中，并且对调查进行百般阻挠，一副铁了心要保刺客的样子。

这回韩安国是真急了，连夜跑到宫里见梁王，“噗通”就直接跪倒在地，哭得稀里哗啦地对梁王说:“大王你可要好好想想，那前太子刘荣可就是前车之鉴啊。你觉得是你和皇上的关系更亲近，还是前太子与皇上的关系更亲近?”

梁王倒也不糊涂:“这还用问吗，显然是前太子和皇上亲近了，他们是父子。”

韩安国擦擦眼泪，接着说:“是啊，他们是骨肉相连的父子。但前太子却仅仅只因为他母亲不会做人，说错几句话得罪皇上，然后就被废了。这是为什么呢? 大王你要知道，朝廷办事是从来不会念及私情的，这么多年来你做事一直都率性而为，早就犯下了不少错误了，可皇上一直没惩处你，这实际上看的都是太后的面子。但太后年纪大了，不可能保你一辈子，最后能决定你生死的是谁? 不还是皇上吗!”

听完韩安国推心置腹的话，梁王这才如梦初醒，虽然不情愿，但还是赶紧主动地交出了刺客，并让韩安国押送他们前往长安，向景帝负荆请罪。至于羊胜和公孙诡，梁王顾念旧情，实在不忍心交出他们，只得让他们自行了断，留了一具全尸。处理完事情之后，梁王也赶紧赶往长安，打算亲自向景帝谢罪，以此来表明自己的悔意。

这件事情是非常严重的，虽然看在窦太后的面子上，景帝没有再追究梁王的罪责，但依然还是毫不客气地决定对他小惩大诫：责令梁王返回封国，并且不许再留在长安，更不能像以往那般，自由地与窦太后相见。

这个惩罚不管对于窦太后还是对于梁王来说，实际上都是一种非常严酷的折磨。梁王虽然骄横，但对窦太后的孝顺却是真心实意的，如今不能随侍在母亲身旁，自然心中非常挂念，在返回封国之后没多久，就郁郁寡欢，中暑死了。

梁王之死在很大程度上来说，都是窦太后一手促成的，她的纵容养成了梁王骄横的性格，她的贪霸则助长了梁王的野心，最终将梁王刘武推向了悲剧的深渊，让他埋骨于争夺储君之位的道路上。

梁王的自作自受却成全了另一个人的辉煌，那就是一直默默积累资本，却始终没有登上角逐太子之位舞台的皇十子彘儿。

没有了“嫡”、“长”的威胁，没有了窦太后的干预，不得不说，放眼景帝的所有皇子，再没有任何人的资本能够与皇十子彘儿相抗衡了。首先，他有一个深得宠爱的母亲王美人；其次他攀上了一棵稳固的大树长公主；最后，尚且年幼的他天资聪颖，深得景帝喜爱。种种条件使得这名幸运的皇十子在命运的垂青下脱颖而出，顺利地迈向了万众瞩目的东宫之位。

景帝前元七年（公元前 150 年），王美人正式被立为皇后，皇十子彘儿正式更名刘彻，立为皇太子。血雨腥风的储君之位争夺战终于落下帷幕。

平安顺遂的“太子路”

刘彻被立为太子的时候年仅七岁，身上没有任何军功，更无一兵一卒，可以说是完全没有战斗力和自保能力的。而太子这个身份，又让刘彻不可避免地立于权力的核心地带，从太子之位跨越到九五之尊，这注定是一条危机四伏的道路。景帝不可能意识不到这一点，那么，他又该怎样去经营，以保证皇十子刘彻能够平安顺遂地走完这条漫长的“太子路”呢？在这个过程中，景帝做了三件大事。

第一件大事——处理废太子刘荣。

刘荣这人是非常倒霉的，在被册封为太子期间，他本身并没有任何过失，但却因为母亲栗姬不识好歹而受到连累，莫名其妙被贬谪为临江王，直接“发配”到了南郡江陵。而更倒霉的是，在与大汉江山失之交臂之后，刘荣的坏运气却没有结束，在担任临江王两年之后，他再次撞到了枪口上，这一次，他所犯的是逾制之罪。

在做临江王的时候，刘荣想要扩建一下自己的宫殿，毕竟曾经身居太子之位，养尊处优惯了，这江陵的小宫殿实在满足不了他。本来扩建宫殿不是什么了不得的大事，但问题是，刘荣实在找不着合适的土地来做这件事，合计来合计去之后，他把主意打到了祖庙。

汉朝的时候，每个诸侯国和郡府所在地基本都会有两大祖庙，一个是汉高祖的庙，另一个是汉文帝的庙，江陵自然也不例外。祖庙是非常尊贵的，私自占用祖庙的土地那更是大逆不道的行为，这刘荣也不至于无知到这种境地，怎么就做出这种不知分寸的事情来了呢？实际上，严格来说，刘荣并没有占用到祖庙院子里头的土地，他占用的只是祖庙外围的一圈土地。这祖庙外围的土地，法律地位就相当模糊了，到底算不算是逾制占用土地呢，实际上主要还是看皇帝的态度。刘荣这一举动，就是在打法律的擦边球。可见，当时的刘荣还没有清楚地认识到自己身份的敏感性，同时也没有意识到，自己处境的岌岌可危。

景帝中元二年（公元前 148 年），刘荣的宫殿还没扩建好，一封状告他的检举信就递到了京城，检举他占用祖庙扩建宫殿。景帝大怒，立即下令把刘荣召进京城来问罪。据说刘荣启程的那天，他乘坐的车车轴突然断了，当地百姓得知后纷纷落泪，认为这预兆十分不吉利，这国君怕是一去就回不来了。

在抵达京城之前，刘荣或许是很宽心的，在他看来，这事不算太严重，即便他现在已经不是太子了，可他还是皇帝的儿子，父亲怎么会真的为难儿子呢？顶多在众人面前责备他几句，让他反省反省也就是了。但刘荣没想到的是，一进京城，他还没来得及见着皇上，就被直接关进中尉府去了。

把刘荣抓起来的这个中尉名叫郅都，非常有名，《史记·酷吏列传》里专门记载了他的事情。酷吏，本意来说，就是指执法无情的官吏。这郅都不仅是个酷吏，还是个非常有名的酷吏。他原本是景帝身边的一个随从，有一次跟着景帝去上林苑打猎，那个时候一块去的，还有景帝非常宠爱的妃子贾姬。贾姬去上厕所的时候，不知道从哪里冒出来了一头野猪，跟在贾姬身后也进了厕所，景帝一看贾姬有危险就着了急，于是二话不说提起剑就要冲进厕所。结果，郅都一把抱住了景帝的腿，跪在他面前大喊:“皇上你不能去！你要为太后和大汉江山着想，绝不能这样让自己身犯险境啊！”

好在那野猪似乎也没什么恶意，去茅厕转了一圈自个儿出来了，贾姬虽然被吓得不轻，倒也没什么事。之后，窦太后知道了这件事，对郅都是大加赞赏，连夸他是忠臣。郅都也头一次在景帝那里露了脸，留下了印象。

我们知道，西汉初年的时候，朝廷主要推崇黄老思想，主张“无为而治”。结果，朝廷的“无为”成为了对地方豪强的放纵。当时，齐地有一个非常霸道的家族瞷氏，在乡里横行无忌，太守都拿他们没有办法。景帝知道之后以后非常生气，打算派个人去整治整治他们，这个时候景帝就想到郅都了，把他派去了齐地。郅都一上任，立马就给瞷氏家族来了个下马威，把这个家族的几个领头人全部杀头，顿时就把全城的人都震慑住了，据说当时连临城的郡守见着郅都，都只敢低着头走路。郅都也因此得到了景帝的重用和赏识。

刘荣对郅都是有心理阴影的，这当然不仅仅是因为郅都不给刘荣面子，一直对他冷言冷语，声色俱厉。此前，刘荣的母亲栗姬得罪了景帝，景帝在废黜刘荣太子之位的同时，还把栗姬在朝廷里的亲属全部诛杀了，负责执行这事的人就是这个酷吏郅都。可想而知，当这个天真的废太子一进中尉府，就见着审理自己的人竟是这个冷酷无情的“大仇人”时，心里头该有多恐惧，多绝望。

这个时候的刘荣把所有希望都寄托在了父亲身上，他要求郅都给他纸笔，好写信给景帝说明情况，并主动认罪，请求景帝的宽恕，但他没想到的是，这个小小的要求竟遭到郅都断然拒绝。此时的刘荣已经是求救无门，心灰意冷。在这种情况下，只有一个人雪中送炭，那就是窦太后的亲侄子，刘荣昔日的老师窦婴，窦婴偷偷给刘荣送了纸笔，但此时，刘荣已经不抱什么希望了，他提笔给景帝写完最后一封信之后便在中尉府自杀了。

朝野震动。

而令人匪夷所思的是，对于皇长子刘荣的死，最痛心疾首的人并非景帝，而是窦太后。当然，刘荣是窦太后的亲孙子，孙子被逼死牢狱之中，窦太后自然会痛苦不已。但比窦太后和刘荣更亲近的人，应该是汉景帝。按常理来说，长子的死亡，遭受最大打击的人应该是景帝才对，最痛恨郅都的人也应该是景帝才对，但景帝的表现却十分耐人寻味。

在刘荣死后，景帝并没有立刻对郅都问罪，而是在窦太后的强烈控诉之下，才勉为其难地把郅都罢官了。甚至在几个月之后，景帝背着窦太后，再次起用郅都，把他调去了雁门郡做太守，甚至还给了他能够在紧急情况下自行做出决策的大权。郅都可是景帝的“杀子仇人”，可景帝不仅不怨恨他，反而对他委以重任，实在不符合常理。再者，根据郅都以往的“业绩”，景帝应该十分清楚他究竟是个怎样的人，为何却偏偏让他接手处理废太子刘荣的事情呢？这不得不让人怀疑，刘荣自杀事件的背后，真正的“幕后黑手”或许正是他的亲生父亲汉景帝。

虎毒不食子，一个父亲怎么可能对儿子下毒手呢？但我们要明白一件事，景帝不仅是一个父亲，他还是一个皇帝，甚至可以说，皇帝这个身份是高于父亲这个身份的。刘荣曾经是太子，太子这个身份让刘荣成为了一支“潜力股”，为了日后成倍的收益，朝廷必然会有一批大臣下重本对这支“潜力股”进行投资。但现在，刘荣的太子身份被废黜了，这支“潜力股”顿时变成了“垃圾股”，而对他进行投资的大臣则落了个血本无归。这些“投资失利”的大臣在日后很可能为了挽回自己的损失，再次拥护这支“垃圾股”，好让自己翻盘。可见，废太子刘荣的存在对于新太子以及政局的稳定来说都是一个隐患。

景帝一心要考虑的是大汉王朝的未来，但窦太后不需要，此时的她只是一个痛失亲孙的奶奶，一心要为自己的孙子复仇。当窦太后得知郅都竟再次被景帝起用之后勃然大怒，罗织各项“空穴来风”的罪名，不经查证便直接把郅都给抓起来了。此时的景帝依然千方百计地想要赦免郅都，他对窦太后说:“郅都是忠臣啊!”这是窦太后自己曾经说过的话。窦太后是怎么回答的呢？她说:“难道临江王就不是忠臣吗?”可见，临江王刘荣的仇，一直在老太后心里头搁着呢。最后，景帝无奈，只得顺从窦太后的意思，挥泪斩杀了郅都。

废太子刘荣的事情处理完毕了，景帝开始进行第二件大事——逼杀老丞相周亚夫。

周亚夫是汉朝开国功臣绛侯周勃的次子，因为兄长周胜犯法，才成为了父亲爵位的继承人，被封为条侯。他和景帝的父亲汉文帝之间有一段流芳百世的故事——细柳营之会。

那是文帝后六年（公元前158年）时候的事情。其时，匈奴大举入侵中原，文帝调拨了三支军队，分别驻扎于霸上、棘门以及细柳。为了激励士气，文帝亲自带了一队人和很多赏赐，依次前往三个地方的大营，去给士兵“送温暖”。去霸上和棘门大营的时候都挺顺利，士兵们见到皇帝来了，也都欢欣鼓舞，气氛非常好。但是一路抵达周亚夫负责的细柳营时，却出问题了，文帝的先头部队被细柳营的守卫给拦下了，好说歹说，就是不让进。没办法，文帝又派了身边的随从去传话，说皇帝来犒劳大家啦！结果，守卫还是不买账，直接跟随从说：“军营里只听将军的命令！”

最后，实在没办法，文帝只好派人拿着自己的信物去作证明，在得到了周亚夫的命令之后，守卫这才肯让文帝的队伍进去，并且严令告诫队伍，说在这营中骑马要限速。

好不容易终于见着了周亚夫，只见他一身戎装，挺立营前，一边向文帝行礼，一边解释说，因为自己身着盔甲，所以不能行跪拜大礼。汉朝时候的盔甲材质非常坚硬，包裹得非常严实，关节处都是硬邦邦的铁甲。

离开细柳营之后，文帝的随从们很不高兴，对周亚夫议论纷纷，说他过于傲慢无礼，对皇上都不尊重。但文帝却不那么认为，他叹道：“你们都不明白周将军的一番苦心。不管是霸上还是棘门大营，都可能因敌人的偷袭而攻破，但唯独周亚夫的细柳营，是任何人都无法撼动的！”

后来，文帝在临终之前给景帝留下遗言：国家急难，起用周亚夫。果然，在吴楚七国之乱的时候，周亚夫助景帝平定叛乱，后官拜丞相。

从周亚夫的种种行为就能看出，此人秉性刚直，作风严谨，绝不是那种为了自身利益就去巴结太子，或扰乱朝纲的人，可他为什么偏偏会成为景帝的眼中钉呢？这其实也是因为他刚直不阿的个性。

周亚夫得罪景帝的大事，主要有三桩，而这第一桩就和废太子刘荣有关系。

景帝废黜太子刘荣的时候，周亚夫公然站出来反对，反对的理由其实很简单，太子没什么大过错，所以不能废。

这第二桩事情，则是阻止景帝册封王信为侯。王信是王美人，也就是新皇后王娡的亲哥哥。王娡这个人非常聪明，也很会做人，长公主和窦太后都非常喜欢她，因此，在她荣升皇后之后，窦太后亲自提出来，要给王娡的哥哥封个爵位。

给王信封侯这件事，实际上景帝心里头也不见得有多愿意，但既然是窦太后提出的，景帝也不好反对。但就在这个时候，周亚夫跳出来了，坚决反对，反对的理由很简单也很充分，当年刘邦曾经说过三句话："非刘氏不得王；非有功不得侯；不如约，天下共击之。"王信没有任何功绩，所以不能封。

周亚夫的主张实际上与景帝不谋而合，于是景帝也就借坡下驴，作罢此事了。在这件事情上，周亚夫得罪景帝的，不是他反对给王信封侯这件事本身，而是他的态度问题，不懂说话的艺术，让景帝失了面子。

第三桩事情，则是公开反对景帝册封匈奴降将的决策。

在景帝时期，发生过一桩振奋人心的大事：有五个匈奴的将领主动向朝廷投降。景帝非常高兴，立马就下旨要把这五个匈奴降将册封为侯，一方面显示大国气度，另一方面实际上也是在鼓励匈奴人效仿这五个人，向大汉投诚。

这回周亚夫又出来反对了，反对得特别坚决。周亚夫认为，做臣子最重要的就是忠诚，这五个人投降西汉，那就是“叛国”的行为，对“叛国”怎么还能予以奖励呢，这价值观完全不正确啊。

对于这件事，景帝考虑的出发点是政治立场，而周亚夫考虑的出发点却是道德立场，很难说清楚究竟谁对谁错。但不管怎么样，决策权是掌握在景帝手里的，这侯最终还是封了。周亚夫这回不乐意了，牛脾气一上来，索性就告病回家，不上朝。这回景帝也生气了，告病是吧？那就回去吧，丞相之职也免了，好好去休息！

这三件大事让一代名将周亚夫失去了汉景帝的信任，以及他用实实在在的军功换来的丞相之位。但在这个时候，景帝对周亚夫还没有完全失去信心，他给了周亚夫最后一个机会。

在周亚夫赋闲一段时间之后，景帝突然下旨，召他到宫里赴宴。周亚夫很高兴，赶紧就去了。到了宴席之后，只见自己的桌上摆着一大块四四方方的肉，看上去特别美味。但奇怪的是，这肉是一整块的，没切，而且桌上也没准备餐具。

这周亚夫也没多想，二话不说把负责宴席的人叫来了，让他赶紧给自己上一套餐具。结果景帝勃然大怒，声色俱厉地问周亚夫：“你还不满足吗？”

周亚夫一愣，完全不明所以，这没餐具，肉也没切，怎么吃？但见景帝怒气冲天的样子，也不敢回嘴，赶紧站起来请罪。景帝不理，周亚夫只好憋着气走了。走的时候，景帝还愤怒地对着他的背影骂："这老匹夫，根本不是能侍奉少主的人！"这句话很严重，这表明，景帝已经将周亚夫排除在辅佐新太子刘彻的人选之外了。

景帝此次设宴，原本是想借肉和餐具来给周亚夫一个下马威：你再怎么厉害都好，没有我的首肯，就算肉到了你嘴边你都吃不到。但可惜的是，周亚夫脑筋不够灵活，没参透景帝的意思，失去了这最后一个修复君臣之谊的机会。

此次宴会之后，周亚夫一直郁郁寡欢，没多久就病倒了。周亚夫的儿子见父亲状况堪忧，寻思怕是大限将至，于是就暗地里托人买了一批铠甲，打算在周亚夫百年之后作为他的殉葬品。周亚夫的儿子为人非常小气，在雇人搬运铠甲的时候还想尽办法克扣工人的工钱，结果惹怒了工人，这些工人一状把他告上了朝廷，说他私自购买铠甲，打算造反。

这原本不是多严重的事情，但偏偏周亚夫的犟脾气上来了，面对上门调查的官员，就是不肯开口说一句话。这些官员很无奈，只好把情况汇报给了景帝，景帝这回更生气了，直接大骂："不用核实什么罪证了！"一句话让周亚夫下了大牢。

这个时候，周亚夫才终于开口为自己辩驳，但已经来不及了。负责主审周亚夫的官员认为，周亚夫已经是景帝的"弃子"，他本身究竟有没有犯罪已经无关紧要。《史记》中记载了一段主审官和周亚夫之间的对话："廷尉责曰：君侯欲反邪？亚夫曰：臣所买器乃葬器也，何谓反邪？吏曰：君侯纵不反地上，即欲反地下耳。"

廷尉，也就是主审官员，问周亚夫说：你这是打算要造反？周亚夫说：我买的都是陪葬用的，何谓造反？廷尉回答说：纵使你不打算在地上造反，也是打算到地下造反吧。

最终，周亚夫悲愤交加，在牢狱中绝食五日，吐血而亡。

为让太子刘彻能够平稳继位，景帝处心积虑，为他拔除了"太子路"上的两大隐患。清除"障碍"之后，景帝开始着手第三件大事——为太子培植领路人。

这个有幸入了景帝法眼的人叫卫绾。卫绾原本是个驾车的，因为驾车技术非常好被汉文帝看中了，提拔成了文帝身边的侍从。卫绾为人非常低调老实，但文帝偏偏特别看重他。当时景帝还是皇太子，有一次特意宴请一些文帝所倚重的大臣吃饭，当时只有一名大臣托病没有赴宴，这个人就是卫绾。从那个时候开始，景帝就把卫绾这个人给记下了。

后来，景帝登基成了皇帝，故意对卫绾非常冷淡，但卫绾似乎也不在意，依然是勤勤恳恳地做自己的本职工作。

有一次，景帝突然把卫绾叫来了，让他跟随自己坐同一辆车前去打猎。在车上，景帝突然对卫绾说道："那一年我宴请百官，唯独你没有到，这是为什么？"

卫绾毕恭毕敬地回答说："圣上见谅，那天我病了。"

景帝当然不相信卫绾的话，卫绾托病拒绝赴宴，不过是担心老皇帝以为自己眼巴巴要找新靠山，对自己产生嫌隙罢了。对卫绾的行为，景帝倒也不生气，反而生出些许钦佩，当然了，还有点儿不甘心，难道自己的人格魅力比不上自己的父亲汉文帝吗?

下车的时候，景帝突然又对卫绾说:“朕赐你一把宝剑吧。”

卫绾赶紧回答:“这宝剑是贵重的东西，臣怕受不起啊。当年先皇就赏赐过我六把宝剑，我都好好放着呢。”

景帝听了这话，马上就派人前往卫绾家里，要看看他究竟是不是信口雌黄。结果到卫绾家一看，果然如他所说，有六把文帝御赐的宝剑挂在墙上，崭新如故。如此一来，景帝更加深信，卫绾是个忠义之人。不久之后，卫绾成为了皇太子刘彻的第一个老师。

三件大事，无一不是为皇太子刘彻继承大统而铺路，在景帝的经营下，刘彻平平稳稳地走过了九年，直至十六岁，登基为帝，君临天下。

第二章

少年天子

刘彻是幸运的，从普通的皇十子，到尊贵的皇太子，再到登上皇位坐拥天下，他几乎没有遇到过任何阻碍。王娡步步为营，为他排除万难，铺就了迈向储君之位的道路。景帝苦心安排，为他清除障碍，助他平安度过九年的太子生涯。可以说，刘彻登基为帝之前的人生，几乎完全掌控于父母手中，那么，登基为帝之后，他会拿出怎样的本事来定这千古庙堂呢？

董生对策

当十六岁的刘彻登基为帝之时，汉王朝已经建立六十多年了，在经历秦王朝暴政的满目疮痍之后，汉初的统治者们一直以稳定局势、恢复生产为目标，遵循黄老思想，采取“无为而治”的政策方针来安邦定国。这一治国策略也确实取得了卓绝的成效，正如班固在《汉书》中所描述的：“汉兴六十余载，海内艾安，府库充实……”司马迁在《史记·平准书》中也有对当时社会情况的描述：“汉兴七十余年之间，国家无事，非遇水旱之灾，民则人给家足，都鄙廪庾皆满，而府库余货财。京师之钱累钜万，贯朽而不可校；太仓之粟陈陈相因，充溢露积于外，至腐败不可食。众庶街巷有马，阡陌之间成群……”

可见，在刘彻登基的时候，他的先祖们已经为江山社稷做出了傲人的成绩，开创了一片富庶繁华的太平景象，这对于刘彻来说是好事，同时也是压力。刘彻从没想过要去做一个“守成”的太平皇帝，面对先祖的政绩，他想到的是超越，他渴望证明自己的能力，渴望建立令人叹为观止的丰功伟绩，这种渴望在他即位之初便体现出来了。

汉武帝建元元年（公元前 140 年）十月，刚刚即位的刘彻就下了一道诏书，要求各处官员为朝廷举荐人才。当时汉朝选拔官员的制度主要是察举制，顾名思义，就是通过考察推举的方式来选拔人才做官。察举制最初施行的时候，并没有一个固定的标准和程序，完全是统治者根据其施政情况而自主进行调整的。察举制的第一道程序就是推荐，由各处的官员给中央推荐，被推荐的人才有资格参加朝廷的考试，然后朝廷再根据这些人的考试成绩给他们授予不同的官职。

在这一次的考试中，获得第一名的是一个叫董仲舒的书生。

董仲舒非常有名，堪称中国历史上第一个出名的“书呆子”。《汉书·董仲舒传》里记载了一件关于董仲舒的事情，说这董仲舒家里有一座十分漂亮的花园，一到春天，姹紫嫣红，满园春色关不住，进入夏夜，百鸟争鸣，树上鸣蝉自在鸣，那是相当漂亮，相当有意境的。但董仲舒三年都没踏进过这花园一步，他在干什么呢？在读书！整天都待在书房里，研究儒学，寒来暑往，对外界的美景一直视而不见。形容人心无旁骛，专心苦读的成语“目不窥园”就来自于这个故事。

在“笔试”成绩出来之后，按照惯例，就进入了“面试”环节。刘彻召见的第一个参加“面试”的考生当然就是以第一名成绩脱颖而出的董仲舒。“面试”的过程被称为“对策”，在“面试”过程中，皇帝提出的问题被称为“策问”，考生的回答则称为“策文”。

在这次“面试”中，刘彻一共对董仲舒进行了三次策问，第一问是巩固政治的根本道理；第二问是治理国家的权术；第三问的是关于天人感应的问题。在这三次策问中，董仲舒以三篇精彩绝伦的策文进行应答，赢得了年轻皇帝的赞赏，这三篇策文就是历史上非常有名的“天人三策”。

概括来说，“天人三策”主要有五个重点内容。

第一点，新王改制。

新王指的就是王朝出现更迭时登基的新皇帝。董仲舒认为，新皇帝登基，第一件要做的事情就是改变王朝原本的旧制度，而要改变旧制度，首先就要从“仪式”开始。改仪式主要包括两点：一是改正朔；二是易服色。

所谓“改正朔”，其实指的就是改变历法；而“易服色”，指的就是改变王朝崇尚的颜色，包括服装的颜色，祭祀的牲口、车马的颜色等。中国每一个王朝都有各自崇尚的颜色，比如夏朝崇尚黑色，商朝崇尚白色，周朝崇尚赤色等。

这种改制的方式说白了，其实就是做表面工作。做这种表面工作又有什么意义呢？董仲舒进一步提出了“君权神授”的思想主张来解释这一行为。董仲舒认为，皇帝是“真命天子”，是由上天选中来统治天下，拯救苍生的人，新王朝取代旧王朝，那是老天爷的意思。改制度其实就是开启新时代的一种象征。

董仲舒的这一解释，瞬间就征服了年轻的皇帝。我们知道，西汉王朝的建立其本质上来说就是一个武力夺权的过程。高祖刘邦出身草莽，身份地位与一般市井之徒无异。但如果董仲舒提出的“君权神授”思想成立，那么高祖刘邦的地位立马就不同了，他的身份地位等都不再重要，因为他是上天“选中”的人，是“真命天子”。可以说，这一思想从理论上证明了西汉政权的神圣性与合法性，同时也拔高了西汉统治者的地位。

第二点，“大一统”。

“大一统”指的就是重视天下的统一。董仲舒认为，统治者的最高政治理想应该是实现天下的统一，这一点与刘彻的思想不谋而合。此前说过，刘彻并不满足于做一个守成的君主，他需要超越和突破，而要超越和突破就必须开疆拓土，建立更甚前人的丰功伟绩，因此，“大一统”可以说是刘彻一生孜孜以求的政治理想。

第三点，“兴太学，举贤良”。

董仲舒认为，要想治理好国家，实现宏伟的政治理想，人才是最为关键却又稀缺的资源。朝廷需要人才，但人才却又非常少，供不应求，怎么解决这个问题呢？自己培养，这就是“兴太学”。“兴太学”最大的好处就在于，朝廷可以根据自身需要进行人才的定向培养，控制不同方面，不同类型人才的比例，并进行合理分配。

此外，为了广罗天下人才，董仲舒还提出，应该将察举制完善化、规范化，让“举贤良”成为一种特定的人才输入渠道。董仲舒建议，让举荐人才成为诸侯、郡守等高官的“工作任务”之一，令其每年必须向朝廷举荐两个人才，借以考察这些高官的识人能力。如果举荐不当，推举的官员也应该受到惩罚。

第四点，“尊儒”。

董仲舒的《天人三策》中有这样一句话：“诸不在六艺之科、孔子之术者皆绝其道，勿使并进。”意思就是说，除了“六经”之外的书，就不要让老百姓读了。这就是后来汉武帝刘彻“罢黜百家，独尊儒术”为政方针的来源和根据。

董仲舒提出的“尊儒”方针，实际上是为了限制天下民众的思想。古语有云:“防民之口甚于防川。”思想是比行为更难控制的东西，而思想的形成往往与民众接触到的学说观点有莫大的关系。当年秦始皇焚书坑儒，实际上也是为了控制民众思想，但秦始皇的做法显然过于极端，容易激起民众反抗。而现在，董仲舒是让民众读书，只不过要限制他们只能读儒家的书，以此来约束民众的思想。

第五点，“更化”。

所谓“更化”的意思，其实就是“改革”。董仲舒提出这样一种看法：大汉得到天下之后，之所以一直没能迅速发展崛起成一个超级大国，其根源就在于一直没有改革。董仲舒认为，秦朝之所以会灭亡，就是因为它的制度和管理方式不符合潮流，但它却没有改革。可见，改革是非常重要的，一个朝代想要长久地发展下去，就要不断进步，不断改革，以适应时代发展的步伐。

《天人三策》对中国封建社会文化所造成的影响是极其深远的，甚至可以说他的思想为大汉乃至中国两千多年的封建社会奠定了统一的政治基调。有趣的是，汉武帝刘彻虽然对这位董生的思想推崇备至，甚至确立了“尊儒”的基本国策，但对董生本人却始终没有重用，而是在不久之后将他派往江都，做了易王刘非的国相，这自然都是后话了。

轰轰烈烈的新政

雄心勃勃的刘彻一上台就迫不及待地展开行动，渴望证明自己的实力，在与董生“相遇”之后，刘彻基本上已经确立了治国思想，接下来就只剩大刀阔斧地对朝堂展开新动作了。

汉朝官制主要实行三公九卿制度，中央的最高行政权分别由“三公”进行掌管，而“三公”指的就是丞相、太尉以及御史大夫。作为“三公”之首的丞相在朝廷里权力非常大，对百官有选举、任免、升降以及刑赏的权力，可以说把持了所有外朝事务。因此，要对朝堂进行改革，展开新的动作，首先就必须拿“三公”开刀，尤其是丞相。

刘彻上台的时候，担任丞相一职的，是他的父亲景帝为他留下的引路人，他的老师卫绾。我们知道，卫绾受到重用，和他个人的能力与才华是没什么关系的，而他本人实际上也相当有自知之明，他明白自己之所以能成为一人之下万人之上的丞相，主要是因为景帝看重他老实本分，而不是因为自己身上有什么治国之才。因此在担任丞相期间，卫绾处处谨小慎微，在政治上几乎没有任何作为，皇帝说什么他就是什么，从来没有自己的意见。

此前说过，在汉武帝之前，西汉的统治者都是以“黄老思想”来作为治国方针的，谨小慎微的卫绾自然也是拥护黄老政治的。这样一来，已经决心改革，“罢黜百家，独尊儒术”的刘彻自然不能再让他占据丞相之位。卫绾最大的优点就是懂得察言观色，他敏感地意识到自己的政治生涯已经走到尽头了，不等刘彻开口，就主动以生病为由向刘彻提出请辞，而刘彻当然也就顺势点头，把丞相之位收了回来，为之后的改革做人事准备。

在继承大统之前，刘彻自己是没有什么功绩的，也没有培植起什么势力，那些腥风血雨的政治斗争都被他父母一手包办了，这就使得他虽然已经成为了名正言顺的天子，但实际上却并没有掌握到真正的实权，真正掌控着西汉政治实权的人，还是刘彻的奶奶窦太后，此时的她已经荣升太皇太后了。

窦太后是黄老思想的坚决拥护者，刘彻要“尊儒”，显然与窦太后的为政思想是背道而驰的，为了讨好窦太后，减少自己实现新政的阻力，在新的人事安排方面，刘彻主动卖了窦太后一个大人情——任命窦婴为新的丞相。

窦婴这个人，前面我们多次提到过。他是窦太后的亲侄子，秉性刚直，文武全才，但在景帝时期，政治生涯却波折丛生，这与他个人的性格有关。

首先，窦婴这个人耿直。想当初，景帝为了讨好窦太后，在家宴上说了一句“千秋之后传位梁王”，窦婴立马就跳出来反对，结果得罪了他最大的靠山窦太后，直接失去了自由进出皇宫的权利。

这件事情也反映出窦婴性格中的另一个特点，天真。景帝随口一说的话，他信了，不只信了，还反应过激，结果把自己真正最有力的支持者给得罪了。

其次，窦婴为人十分任性。《史记》中用了四个字来评价他："任侠，自喜。"这个评价十分贴切。七国之乱的时候，景帝除了起用周亚夫之外，还起用了另一个能人，那就是窦婴。景帝起用窦婴，实际上表明了对他的信任和肯定，没把他当外人。但没想到的是，面对这个光荣而艰巨的任务，窦婴居然推了，说自己身体不舒服。

窦婴为什么这么不识好歹呢？这还要从那场家宴说起。在家宴上，窦婴虽然得罪了窦太后，但他对自己的表现却是非常满意的，认为自己"直言敢谏，旗帜鲜明"，即便窦太后不理解，景帝肯定是会赏识他的。但结果呢，景帝并没有因为那件事高看窦婴，而窦太后对他的态度则急转直下，冷若冰霜。窦婴这下不高兴了，一气之下辞官。窦太后知道以后更加生气，干脆把窦婴自由进出皇宫的权利也取消了。

七国之乱大约正好就发生在窦婴和姑姑窦太后闹矛盾的那个时候，窦婴心中有气，所以才拒绝了景帝的任命，驳了景帝的面子。最后，在景帝劝说下，窦婴还是出征了，并且一举立功封侯。可见窦婴这人确实任性，自视甚高，发脾气不分时候，即便有经世之才，以他这种性格，恐怕也难以得到景帝重用。

此外，窦婴也是个非常廉洁的人。平定七国之乱，窦婴功不可没，景帝非常高兴，赏赐了他一千黄金。结果，窦婴把这一大笔钱全部充作军费，自己一分没拿。可见，窦婴实际上就是一个彻彻底底的性情中人。

但比起一根筋的周亚夫来说，窦婴虽然任性，在关键事情上还是能及时转弯的，也正因为如此，窦婴才没有成为景帝为太子清障时候的眼中钉。

在平定七国之乱后，景帝发现窦婴确实是文武全才，于是也就不计前嫌，让他做了太子刘荣的老师，那个时候，景帝是真心想把窦婴培植成为辅佐幼主的能臣。可是谁也没料到，宫闱那群女人一闹腾，刘荣被废了。此前说过，刘荣被废的时候，周亚夫跳出来反对，结果惹怒了景帝，而除了周亚夫之外，另一个也跳出来反对的人，就是刘荣的老师窦婴。

景帝处理太子的事情时是相当雷厉风行的，谁反对都没用。结果这窦婴脾气又上来了，干脆“罢工”不上朝，跑去了长安附近的南山“养病”，这一住就是好几个月。后来他的一个门客实在看不下去了，偷偷跑去找他，对他推心置腹地说:“掌握你前途的人是皇上，和你最亲近的人是太后。之前你得罪了太后，现在又为了一个已经被废的太子得罪皇上，你想想，如果太后和皇上对你都有意见了，你以后还能好吗？你家里人还能好吗?”

一言惊醒梦中人。窦婴也不蠢，虽然天真任性了点儿，但这门客把话一说透，他立马也就想通了，二话不说，赶紧上朝，跟景帝汇报，说自己的病终于好了。窦婴的及时回头算是救了自己一命，但他此前的所作所为也让景帝对他彻底失望了，认为他不够稳重，不堪重用。因此，当景帝为太子刘彻寻找引路人的时候，虽然窦太后依然力挺窦婴，景帝却毅然决然地选择了车夫出身的卫绾。

窦婴在景帝一朝仕途之路的不顺利，完全是自己个性使然，他原本有数次机会能够成为大汉朝的肱股之臣，却因为一次次的任性与真性情而失去机会。而现在，在少年天子刘彻的新政下，他终于迎来了政治生涯的春天。

奶奶要讨好，娘亲同样不能忘掉，在重用窦婴的同时，刘彻还重用了另一个人，那就是王太后王娡的弟弟田蚡。

田蚡是王太后同母异父的弟弟，据说相貌长得非常不好看，但这个人特别会说话，讨得王太后和景帝的喜欢，在景帝晚年的时候开始在政坛上崛起。

当卫绾被罢免丞相之位的时候，田蚡原本想要争取王太后的支持，去角逐丞相之位的。但就在这个时候，他的一个门客却反对他去争丞相位，这位门客对他说："大人，这魏其侯窦婴的辈分比你高，资历比你老，而且他是有实实在在的军功的，这丞相之位，怎么样也不该落在你头上。你现在不仅不能去抢丞相之位，即便皇上发话要让你当丞相，你也不能接受，应该主动谦让。到时候，窦婴只要能当丞相，你必定能当上太尉，而且还能博得'大度让贤'的美名，一点儿也不吃亏。"

这田蚡一想，门客说的也有道理，自己如果贸然去争，也不一定争得到，反正太尉和丞相官阶等同，都是位列三公。于是，田蚡就去找了王太后，敲着边鼓地对她把自己心里想的事儿说了。王太后也认为这个处理方法比较妥当，当天就去见了刘彻，把这事儿当成自己的"意见"向刘彻提了出来。

刘彻一琢磨，自己不正愁着这改革可能会惹老太后不高兴呢，窦婴是老太后的亲侄子，重用他，老太后肯定高兴。况且，自己准备"尊儒”，这窦婴和田蚡也都正好喜儒学，起用他们，也不违背自己的政治方针，这种一箭双雕的事情，何乐而不为呢？于是果然如田蚡的门客所料，在窦婴当上丞相之后，田蚡也官拜太尉，得封武安侯。

在窦婴和田蚡这两个重要人物上台之后，刘彻又相继提拔了当时著名的儒者赵绾和王臧，将赵绾任为御史大夫，王臧为郎中令，简略地搭起了实现新政的儒学班子。

窦太后是黄老学说的拥护者，对孙子刘彻“尊崇儒学”的做法肯定感到不满，但此时，刘彻还没有什么实际行动触犯到窦太后的利益，加之他重用窦婴，这也让窦太后心中宽慰不少，说明这个孙子还是很会做人的。因此，窦太后对刘彻的改革行动也就睁只眼闭只眼算了，这让刘彻轻松不少，并顺利地建立了太学，陆续起用了许多儒士，完成了董仲舒曾经提到的“兴儒学”。

“兴儒学”之后就到第二件大事“除弊政”了。“兴儒学”实际上是为了实现“罢黜百家，独尊儒术”的目标，而实现这一目标的根本目的，就是为了进行改革，将政治上的弊端全部革除。之前我们说过，刘彻的最终政治理想是“大一统”，实现天下的统一。要实现这一政治目标，最为重要的一点在于必须实现高度的中央集权，只有将权力牢牢抓在皇帝手中，天下才可能统一在皇帝的领导下。因此，所谓的“政治弊端”实际上就是一切妨害中央集权的政策法令，说白了，就是对诸侯权贵的优惠政策。

为了实现“除弊政”的目标，刘彻主要采取了三方面的措施：一是列侯就国；二是除关；三是检举。

我们先说列侯就国。汉朝从建立时开始就大封诸侯，这些诸侯都有各自的封地，册封之后就要到自己的封地去生活，不能一直留在长安。长安是汉朝都城，其繁华程度可想而知。很多被封诸侯的人不是皇子就是王公贵胄，从小养尊处优，早就习惯了长安繁华舒适的生活，根本不想去封地“受苦”。另外有一部分诸侯则是因为娶了公主做老婆，娇生惯养的公主不愿离开繁华的京城，于是他们也就跟着留下了。当然，除了生活条件之外，留在京城还关乎着政治前途问题。汉朝有这么一个不成文的规定：先封侯，后拜相。也就是说，一般能够担任丞相的人，都是事先已经封侯了的。因此，很多诸侯王想尽办法留在京城，眼睛里盯着的，其实都是朝廷的丞相之位。总之，因为这些各式各样的理由，当时的很多诸侯都滞留长安，对自己的封地不闻不问。列侯就国的政策就是针对这一情况颁布的，意思就是要强制这些滞留在京城的诸侯回自己的封地去，不准再留在长安了。

这法令一出，诸侯们急了。这些人基本上都是皇亲国戚，和窦太后多多少少都能沾点关系，于是赶紧去找窦太后哭诉。此时的窦太后已经是个六十多岁的老人了，人一老就害怕孤独，希望儿孙能常常陪伴自己，现在看这些儿孙辈的都要被赶离自己身边了，心中当然充满不舍。但刘彻的这一法令是合情合理的，窦太后也不好干涉什么，只能自己在心里不痛快了。

第二项措施是除关，也就是解禁函谷关。在秦朝的时候，朝廷为了保卫首都咸阳，曾颁布过这样一条法令：只有持特别通行证者才能进入函谷关。当时颁布这一法令，主要是因为社会治安不好，盗贼叛乱的事情层出不穷。现在，大汉天下太平，人民安居乐业，这一法令也就没必要再存在了。这项措施对于老百姓来说，是件便利的大好事。

第三项措施则是检举。检举什么呢？主要对象当然是刘氏宗亲以及外姓的皇亲国戚。而所谓外姓的皇亲国戚，说白了主要就是窦太后的娘家人。窦太后历经三朝，势力不容小觑，其娘家人有这棵好乘凉的大树，平日里做事难免比较飞扬跋扈。在检举令推行之后，一大批皇亲国戚的罪证很快被找出来了，窦氏一族的子弟接二连三跑到了窦太后面前，叫苦连天。这件事让窦太后非常没有面子，但罪证凿凿，窦太后也不好说什么，况且，汉武帝刘彻也是她的亲孙子，手心是肉，手背也是肉，窦太后最终依然选择了沉默。

在刘彻上台的改革之初，窦太后给予了极大的宽容，她始终认为这个年轻气盛的年轻人翻不起什么大波浪，小孩子玩心重，只要不危及江山统治，就让他放手去做吧。但刘彻一系列的举措难免会在窦太后心里埋下不满的种子，而就在这个极为敏感的时期，却发生了一件事情，激怒了一直沉默的窦太后，为这场轰轰烈烈的新政改革带来了灭顶之灾。

窦太后的“三板斧”

刘彻轰轰烈烈地展开了登基之后的第一场大动作，虽然没有得到窦太后的支持，但好在窦太后也没有干涉他的行为。可没想到的是，御史大夫赵绾在被提拔之后，一心想要向皇帝表忠心，迎合刘彻企图实现中央集权的想法，向他上了一个奏折，建议说，皇上已经开始自己处理政事了，以后朝廷里发生的事情，就不用继续向窦太后禀报了吧。

赵绾这想法说明什么？那是在告诉刘彻，可以把奶奶的权力夺了，让她安享晚年了。而正因为这个折子，把窦太后彻底惹怒了。

我们之前多次强调过，汉朝以孝治天下，景帝曾一度为了讨好窦太后而做出过许多违背自己意愿的事情，甚至连立储问题都要看窦太后的脸色，可见，即便是皇帝，头上也是压着一个重重的“孝”字的。那么，刘彻到底为什么非要做出如此“不孝”的事情，从奶奶窦太后手中夺权呢？这祖孙二人之间莫非有什么嫌隙？说到底，这实际上是祖孙二人政治理念上的不同，从本质上来说，是黄老学说与儒学之间的抗衡。

秦汉时候，儒家一派在政治上一直得不到重用，甚至一度遭到统治者的鄙夷和抵制，北宋诗人王禹偁曾写过一首诗，名为《四皓庙》，其中有两句："秦皇焚旧典，汉祖溺儒冠。"秦始皇焚书坑儒，留下千古骂名，世人皆知。而汉高祖刘邦呢，对儒生同样没有任何尊重，竟然把尿尿在儒生的帽子里。可见，儒生的地位从秦朝时候开始一直到汉朝建立之初，都是非常低下的。

黄老学说起源于战国时期，结合了道、法两家的思想，是道家学说和法家理论的一个强强联合产物。窦太后非常崇尚黄老学说，可以说已经到了痴迷的地步，她甚至将黄老学说列入了皇家子嗣教育的"必修科目"。从皇帝到皇子，甚至窦氏一族的子弟，人人都得习读《老子》。但汉武帝刘彻不一样，比起《老子》，显然儒家孔夫子的言论更让他倍感认同。但他要在政治上实现"尊儒"，就必然与一直处于主流地位的黄老学说争个你死我活，也就必然会违背他的奶奶窦太后一直以来的思想和统治方针。

窦太后对黄老学说的尊崇以及对儒学的抵触究竟到何种地步呢？我们不妨来看看景帝时期发生的一件事情。

景帝时期曾发生过一场辩论，辩论双方分别是有名的儒学信徒辕固生和道家理论权威人士，提倡黄老学说的黄生。他们辩论的主题是商汤、周武王对前朝取而代之的行为，到底是遵循天意还是大逆不道。

儒家学说向来主张："汤武革命，顺天应人。"认为这君主不仁，就应该有贤能的人起来革命，取而代之，这是受命于天的行为。辕固生首先发话，把自己的观点陈述出来了。但笃信黄老学说的黄生却一口咬定说，商汤和周武王原本是夏桀和商纣的臣子，却不顾及自己的身份，以臣弑君，根本谈不上正义。然后黄生还绘声绘色地打了个比方，说这帽子和鞋子各自作用不一样，帽子无论多破旧，始终就是戴在头上的东西，鞋子不管多崭新，也只能穿在脚上，如果这顺序颠倒了，那不是太可笑了吗！

这比喻一打出来，辕固生就冷笑了几声，问出了一个非常致命的问题："那这高祖刘邦到底是鞋子还是帽子呀？"

汉朝的天下是怎么来的？那是高祖刘邦革了秦二世和秦王子婴的命来的，是三年反秦，四年灭项建立起来的。无论是面对秦朝，还是面对楚霸王项羽，这刘邦都是"鞋"，可这"鞋"现在却成了帽子，戴到头上去了，这究竟是顺应天命呢还是大逆不道啊？

这问题太尖锐了，把黄生弄得哑口无言。景帝一看，这怎么讨论着讨论着开始说这种敏感问题了，再继续说下去，保不准会再牵扯出什么，赶紧喊停，这才没有继续下去，这个辩题从此再没有人敢提起了。

虽然这场辩论因为景帝叫停而没有进行到最后，但辕固生的大名还是这样一传十，十传百地传开了，后来连窦太后都听说了这辕固生的大名。有一天，窦太后特意召见了大儒辕固生，在他面前把自己一直信奉的经典《老子》拿了出来，问辕固生说："先生，听说你学问非常高，你知道这是什么书吗？"

辕固生一看，这不就是《老子》吗，顿时充满鄙夷地回答说："这就是那些婆婆妈妈的老百姓才会读的俗物。"

《老子》对于窦太后来说，简直就如同《圣经》对基督教一般，如今竟然有个儒生敢当着自己的面鄙夷这本书，怎么可能不让窦太后气恼非常？加之窦太后出身穷苦低微，正是辕固生口中的老百姓出身，这辕固生说出这样的话，不正是在讽刺自己吗，想到这里，窦太后就更愤怒了，直接下令，把辕固生丢到了一个野猪圈里。

显然，这窦太后是横了心，要借野猪的力量给辕固生一个下马威，说是给辕固生一个机会，和野猪搏斗，谁赢了，谁出来。可这明眼人都看得出来，辕固生这一手无缚鸡之力的读书人，怎么可能真的把一头强壮的野猪给猎杀了呢？这分明就是送死。

景帝知道这事了，也不敢阻止，只能递给辕固生一把剑，让他用作武器。幸好辕固生命不该绝，那野猪朝着他扑过去的时候，他把心一横，闭着眼睛一剑刺出去，竟正中心脏，把野猪给杀死了，从险象环生中捡回了一条命。之后，景帝赶紧把辕固生外调了，就是怕窦太后再“惦记”他。一句话就能让窦太后不惜牺牲一条性命，可见黄老学说在窦太后心中的地位。

身边有这么一个拥护黄老学说的长辈，不赶紧从她手里夺过实权，刘彻怎么可能实现自己的新政，实现自己的抱负呢？因此，从窦太后手中夺过权力，做一个能够自己做主的皇帝，这对于刘彻来说非常重要。

而窦太后呢？作为一个历经三朝的、最尊贵的女人，她又怎么可能轻易交出自己手中的权力？对于窦太后而言，这大汉的皇宫是她的家，高高在上的天子是她的家人、小辈。现在居然有人妄想将她“赶”出这个家，“离间”她和家人的关系，这是绝对不可以忍受和饶恕的。

盛怒之下的窦太后立即就展开了行动，以精准的“三板斧”，将孙子刘彻好不容易搭建的政治舞台摧毁得体无完肤。

第一“板斧”，抓把柄。

对这朝堂上的事情，摸爬滚打了三朝的窦太后心知肚明，哪个大臣家里还没有点儿问题，哪个大臣手头还没有点儿见不得光的事情。平时不处理，装聋作哑，那是因为那些“小事情”并不会危及大汉的统治，但如果一心想查，谁身上还抓不到些把柄呢。为了合理、合法，并且让汉武帝刘彻无法辩驳地处理掉碍眼的大臣，窦太后立即派出人对刘彻新提拔的御史大夫赵绾和郎中令王臧进行了深入调查，果不其然，还真查出了点儿问题。这问题是大是小在这个时候其实已经不重要了，只要抓到了把柄，窦太后就完全能够底气十足地向皇帝发难。最终，赵绾和王臧被投入大牢。

把赵绾和王臧从朝堂上“拉”下来之后，窦太后急不可耐地挥起了第二大“板斧”，区别处理。

参加刘彻发动的“建元新政”的人实际上都得罪了窦太后，但这些人与窦太后之间的亲疏关系有所不同，窦太后对他们的怨恨以及处理方式显然不会一样。窦太后将此次要处理的人分为了三个类别：第一类，“建元新政”的发起者，汉武帝刘彻。刘彻是窦太后的亲孙子，无论做错了什么，让窦太后多不高兴，窦太后也不可能真的伤害他，因此，盛怒之下，窦太后只可能将愤怒转移到刘彻的左右，向追随他的大臣下手。而刘彻展开新政的左右帮手，就是丞相窦婴和太尉田蚡，属于第二类。窦婴是窦太后的亲侄子，田蚡是王太后的亲弟弟，怎么算都是亲戚，窦太后同样进行了宽大处理，只罢了他们二人的官，让他们无法再继续和自己作对。而这第三类，也就是最倒霉的那类人，显然就是御史大夫赵绾和郎中令王臧了，这两人都不是皇亲国戚，更无半点可能博得窦太后的欢喜，就只能无辜承受窦太后最后的怒气了。在被关入大牢中不久，在窦太后的逼迫下，二人相继自杀。

将刘彻的政治班子彻底摧毁之后，为了震慑震慑这个“不肖”的孙子，让他好好认清楚自己的地位，窦太后挥起了第三大“板斧”，任免朝官。

处理完刘彻亲手搭建的政治班子之后，朝廷里重要的官位也就空出来了，窦太后立马提拔了柏志侯许昌做丞相，武强侯庄青翟做御史大夫。这二人在历史上并不出名，实际上也没什么本事，之所以能够一步登天，只不过因为此二人都尊奉黄老学说而已。

窦太后的“三板斧”不仅轻易摧毁了刘彻所建立的新政，同时也让刘彻从根本上认识到一个事实：自己根本就不能完全掌控大汉的天下，在这皇宫里，最有权势的不是他这个皇帝，而是高高在上的老太后。

现实的残酷给了斗志昂扬的少年天子狠狠一击，让他陷入了长久的苦闷之中，这尊贵的天子之位顿时变成了囚禁他的樊笼，那高耸的宫墙和紧闭的宫门，无一不是阻挡他放眼天下的障碍。在这样的痛苦之中，刘彻开始四处游猎玩耍，不再像从前那般对政事上心。就在这个时期，他遇到了自己生命中非常重要的一个女人。

金屋不再藏娇

当年，王太后嫁给汉景帝之后，一连为他生了三个女儿后才终于得到刘彻这个儿子，平阳公主就是王太后的长女，汉武帝刘彻的同胞长姐。

在汉朝，公主的称谓一般来说，不是来自其食邑就是按照夫家的封邑所在地。平阳公主的食邑本在阳信，出嫁之前的封号是阳信公主。后来，她嫁给平阳侯曹时，这才随了夫家的封邑所在地，封号改为平阳公主。

想当年，平阳公主的姑母馆陶公主靠着帮景帝牵线搭桥介绍美女而获得了景帝的信任，巩固了自己的地位，有了姑母这位“榜样”在前，平阳公主也试图依样画葫芦，以此来巩固与汉武帝刘彻之间的感情。虽然有这种想法，但平阳公主要真做这件事情，还确实不容易。

馆陶公主不仅是刘彻的姑母，同时还是他的岳母，刘彻与她的女儿陈阿娇之间还有一段千古流传的“爱情誓言”——金屋藏娇。也正是因为这段故事，馆陶公主才在刘彻不过只是一名普通皇子的时候，坚定不移地站到了他的身后，可以说，刘彻能够成为储君，乃至最终登上皇位，馆陶公主功不可没。再者，我们知道，窦太后对这个长女是非常疼爱的，这种疼爱自然也会传承到馆陶公主的女儿陈阿娇身上。有这么个天之骄女一般的老婆，刘彻想和景帝一样，随意从姐姐那里接收美女，几乎是不可能的事。

但这并不意味着没机会，而这个机会也在刘彻新政受挫之后很快就到来了。

建元二年（公元前139年）春，按照以往的旧例，刘彻在霸上举行了除灾求福的祭祀，祭祀完毕之后，在回京途中，受到政治挫折的刘彻突然心血来潮，想顺便到平阳府去探望一下自己的姐姐平阳公主。得知弟弟要来，平阳公主高兴坏了，一方面，天子驾临，那是多么让人有面子的事情；另一方面，她也终于有机会向弟弟进献自己的"秘密武器"——十余名经过精心培养训练的美女。

刘彻到达平阳府之后，平阳公主立马张罗了一场盛大的喜宴，并特意让自己训练过的美女们表演歌舞，期许刘彻能从中看上一个。但这平阳公主挑选女人的眼光显然并不如自己姑母那般精准，她挑选的那些美女，刘彻竟然一个也没看中。平阳公主非常失望，眼看就要错过这个大好机会的时候，事情突然有了转机。

在严格训练的美女们表演完毕之后，平阳府里的歌姬们开始进场表演了，就在这个时候，刘彻突然眼前一亮，被歌姬中的一名女子吸引了，那名女子虽谈不上倾国倾城，但实在清丽可人，颇有种出水芙蓉的感觉，尤其是那一头乌黑亮丽的长发，在众人的对比下显得更加美丽动人。

平阳公主虽然挑女人眼光不行，但对弟弟刘彻却非常了解，一看刘彻两眼放光的样子，心里就明白了他的想法，顿时间喜上心头，原本以为没戏的事情突然又有了希望。表演一完毕，平阳公主就私下里把那名让刘彻一见倾心的歌姬留下了，交代一番之后，安排她到刘彻的车驾中侍寝。为了感谢善解人意的姐姐，刘彻立即赏赐了她黄金千斤。见刘彻非常满意，平阳公主赶紧趁热打铁，向刘彻建议把这歌姬带走，还沉浸在温柔余韵中的刘彻想也不想就答应了。临别的时候，平阳公主关怀备至地拍着那名歌姬的背，对她叮嘱说："去吧，到宫里之后好好吃饭，等哪天你飞上枝头，富贵加身，可别忘了我啊！"

可见，平阳公主向刘彻献美女就是为了讨好他，巩固自己的荣宠，在刘彻身边培植自己的势力。虽然刘彻没有选中她精心培养的那些女子，而是意外地看上了另一个女人，但不管怎么说，只要她是从平阳府里出去的，那就必然能对平阳府有所帮助。

这名被刘彻看中，一夜之间就麻雀变凤凰的歌姬叫做卫子夫，汉武帝王朝的第二个皇后。这当然都是后话了。

卫子夫在进入皇宫之后并没有立刻得到刘彻的宠爱，事实上，她入宫超过一年也没有再见到刘彻一面。如果说进宫之初，卫子夫还天真地带着对爱情与未来的憧憬，那么在四百多个孤独的日日夜夜之后，她的心已经冷了，并且清楚地意识到，她的丈夫，这个天底下最尊贵的男人，早已经将她遗忘在记忆的深处。

汉朝有这样一种情况：每隔一段时间，皇帝都会下令遣散一些宫中不受宠幸的嫔妃和宫女，让她们出宫改嫁，以精简皇宫里的人口。这道法令在古代算是十分人性化的，给了嫔妃和宫女一个重获自由的盼头。

建元三年（公元前 138 年）春，或许是因为实在"无所事事"，刘彻便决定，亲自去挑选那些要遣送出宫的嫔妃和宫女。就在挑选过程中，突然跳出来一个柔弱清秀的女子，哭得梨花带雨，向刘彻请求出宫。刘彻大吃一惊，这不是自己从平阳府里带回来的歌姬卫子夫吗！一年前的露水情缘顿时又涌上心头，加之此刻这卫子夫又哭得这般楚楚动人，实在惹人疼惜，刘彻断然拒绝了卫子夫自请出宫的想法，并再一次临幸了卫子夫。

这一次，卫子夫的肚子实在争气，没多久竟然怀孕了，刘彻大喜过望，对卫子夫更是宠爱非常。要知道，卫子夫肚子里的这个孩子，是刘彻的第一个孩子，意义非凡。更为重要的是，卫子夫的怀孕为刘彻正了名，让全天下的人都知道，他在生理方面是绝对正常的。

刘彻在被立为太子之后不久，就与陈皇后阿娇成亲了，可到现在，整整十一年，陈阿娇却始终没有孩子，这不得不让人开始怀疑，到底是皇后有问题，还是皇上有问题。现在，卫子夫怀孕了，这至少用事实证明了一点：刘彻非常健康。在证明这一点的同时，我们其实也不难推想在这十一年中，刘彻的婚姻生活状况了。

刘彻地位尊崇，不管他自己愿不愿意，喜不喜欢，该有的妃嫔宫女当然都是不会少的。而在这十一年中，有机会可能伺候刘彻的人，不在少数，那为什么却始终没有人怀孕呢？这其中是否有什么“黑幕”我们不得而知，但至少有一点可以肯定，在这十一年中，刘彻的婚姻生活并不幸福。

卫子夫怀孕的消息很快就传遍了整个皇城，陈皇后阿娇得知此事后无异于五雷轰顶，尤其是当她得知，将为刘彻诞下第一个孩子的女人卫子夫竟然是低贱的奴婢出身，更是气不打一处来，怒气冲冲地朝着刘彻的寝宫去了。这一回，刘彻没有再和以往一样，采取隐忍退让的方式，而是态度强硬地与陈皇后发生了争执，之后更因担心卫子夫被阿娇惊扰，而令自己近旁的护卫严密保护起卫子夫。

这下子，又委曲又愤怒的陈皇后已经哭闹着去找母亲馆陶公主刘嫖了，声泪俱下地控诉卫子夫的“罪行”。从阿娇那里听说完事情的原委后，刘嫖同样非常愤怒，她怎么也没想到，自己处心积虑防了十一年，却被人捷足先登了。

虽然不甘心，但事实上刘嫖也没什么办法，自己的女婿是当今天子，高高在上的帝王，已经和当年那个坐在自己膝盖上玩乐的彘儿天差地别了。但不能对刘彻动手，不意味着这口气就得自己咽下去。刘嫖把报复目标转向了卫子夫。

卫子夫的母亲卫媪同样是平阳府的奴婢，至于生父，历史上没有任何记载。卫媪先与这位不知名的男子生育了三女一子，分别为长子卫长君，长女卫君孺，次女卫少儿以及小女卫子夫。后来，卫媪又和平阳侯的一个小吏郑季私通，生下儿子卫青。起初，卫青是跟随郑季一起生活的，但郑季有自己的老婆孩子，他们根本不接受卫青这个偷情的产物，对他百般折磨。后来，不堪忍受折磨的卫青果断离开郑家，回到了卫媪身边，与她一块生活，并做平阳府的骑奴。后来，卫子夫得到刘彻赏识进了宫，平阳公主便主动向卫家卖了个人情，将卫青送去刘彻正在修建的上林苑的建章宫中当差。

刘嫖打探清楚卫子夫的情况之后，将复仇的目光转向了卫子夫的弟弟卫青。刘嫖令人将卫青绑架，打算秘密将他杀害，以此给卫子夫一个警告。幸好卫青命不该绝，他被绑架的事情被他的至交好友公孙敖意外得知，公孙敖立即纠集起了一批人，四处搜索，最后在千钧一发之际，从刘嫖手里把卫青给救下来了。

刘彻得知此事后，大发雷霆，为了向刘嫖母女表明自己的立场，刘彻立即下令，将卫子夫册封为“夫人”，同时提拔卫青为侍中，兼建章监。除此之外，卫子夫的其他兄弟姐妹也都相继获得封赏，比如卫长君被提拔为侍中，卫君孺被指婚太仆公孙贺，卫少儿则被赐婚詹事陈掌等。之后没多久，刘彻又再次提拔卫青，任其为太中大夫。而那个救了卫青的公孙敖，也因为这件事而得到了刘彻赏识，逐渐显贵起来。

原本出身低贱的卫氏一家，现在反而因为长公主刘嫖的针对和陷害而变得显贵起来。而卫子夫在经过刘嫖和陈阿娇这么一闹之后，反而更得汉武帝宠爱。

虽然刘彻与陈阿娇闹得沸沸扬扬，夫妻感情一度将至冰点，但刘彻始终没有对陈阿娇出手，一方面，当然是看在馆陶公主的面子上，另一方面，则是慑于窦太后的淫威。馆陶公主深得窦太后的宠爱，陈阿娇自然也是她的心头肉，只要窦太后在一天，刘彻就不可能对陈阿娇动手。但窦太后已经老了，她的未来屈指可数，如果有一天，窦太后百年后，那么陈阿娇的命运又将何去何从呢？曾经美丽的誓言早已破碎，刘彻心中的金屋，已经不再藏娇了。

第三章

外戚之争

窦太后只手遮天，轻易碾碎了刘彻谋划已久的改革。经此重创之后，原本豪气冲天的少年天子一蹶不振，自此不问政事。刘彻在隐忍，他如同一个猎人般将自己蛰伏起来，等待着发起攻击的最佳时机。建元六年（公元前135年），大汉王朝最有权势的女人窦太后去世了，汉武帝刘彻一直等待的时机终于到来，曾经牢牢握在窦太后手中的权力，开始一点一点转移到王太后和刘彻手中。而随着窦太后的去世，窦氏一族在朝廷中的地位也一落千丈，在新一轮的权力分配下，没落的窦氏与崛起的王氏之间又会有怎样惊心动魄的纠葛？

“窦氏”的没落

窦太后的离世让刘彻悲痛欲绝，但同时又给了他一场等待已久的新生。没有了窦太后的掣肘，刘彻终于可以大展拳脚，按照自己的意愿来领导西汉王朝走向充满挑战与未知的未来。首先，他做了一件事情：以“治丧不利”的罪名惩办了窦太后亲自提拔的两名臣子，丞相许昌和御史大夫庄青翟。

我们知道，许昌和庄青翟的上位主要源自于窦太后与刘彻之间的祖孙之争，许昌和庄青翟的顺利上位表明，在这场争斗中，刘彻输了，并且输得十分彻底。这也就不难理解，为什么在窦太后百年之后，丧期都还未过，刘彻就对此二人发起打击。许昌和庄青翟都是窦太后钦点出来负责自己葬礼的人选，可见窦太后对他们的信任，作为窦太后钦点的人，又怎么会这么容易就“治丧不力”呢？欲加之罪，真是时移世易啊。

丞相之位再次空缺，朝堂上下都议论纷纷，谁将成为下一个西汉丞相呢。此时，大多数朝臣想到的，都是窦太后的亲侄子，魏其侯窦婴。毕竟当年窦婴被罢免，是窦太后的意思，而不是刘彻本人的意思，现在窦太后已经走了，做主的人变成了皇帝刘彻，这样一来，那曾经被拉下台的官员是不是可能都官复原职，甚至得到进一步的重用了呢?

答案当然是否定的，在重新组建政治新班子的时候，刘彻略过了一个人，那就是魏其侯窦婴。他不仅将原本属于窦婴的丞相之位给了舅舅田蚡，甚至直接跳过他，没有授予窦婴任何官职。

这其实并不奇怪，自古以来，外戚能臣，背后永远都有一个巨大的家族作为支撑。窦太后活着的时候，窦氏一族在朝廷荣光显贵，窦太后一死，窦氏自然也就不可避免地会走向没落。随着王太后的上台，新的外戚力量王氏一族则开始在朝堂上迅速崛起，两代外戚在天差地别的待遇中完成了一场权力的更迭。

在此刻，最为得意的人应该是丞相田蚡，姐姐是太后，侄子是皇帝，自己还是高高在上的丞相，如此尊贵显赫的身份让田蚡越发觉得飘飘然，将自己当成了刘彻必须依靠的“国家栋梁”。在这种良好的自我感觉促使下，田蚡开始积极参与朝政，没事就去觐见刘彻，絮絮叨叨，喋喋不休地开始就朝堂上的事情发表自己的意见，并且往往一坐就是大半天。田蚡的行为让刘彻感到十分虚伪和厌烦，但看在王太后的面子上，刘彻却选择了一直退让，并表现得对田蚡言听计从。

在刘彻的一再纵容下，田蚡变得越发跋扈，朝廷中，常常有人因为他的一句话平步青云，也常常有人因为得罪他而万劫不复。刘彻的最终政治理想是实现“大一统”，这就要求首先实现中央集权。但显然，田蚡的存在于刘彻的政治理想来说，就是一个巨大的毒瘤，作为新崛起的外戚新贵，他嚣张跋扈的行为实际上就是变相地在从刘彻手中争夺权力。

一次，田蚡和往常一样，又一次觐见刘彻，对自己的政治理论进行了一番高谈阔论，此外又亲自向刘彻“推荐贤良”。刘彻听完田蚡的推荐后，半天没说话，过了很久才慢悠悠地笑道:“丞相，你打算任命的官员任命完了吗? 朕其实也有一些想要提拔的人选，你看行不行?”

田蚡一听，皇上的话不对劲，赶紧打住了，连连向皇上请罪。刘彻倒也没有为难田蚡，毕竟没了窦太后，这不还有一个王太后盯着自己吗。

田蚡和窦婴不一样，窦婴身上有一种豪门贵公子的天真和侠气，这使得窦婴即便身居高位，也不会利用职权为自己牟取私利，他的性格让他不屑于这么去做。但田蚡不同，他为人十分骄奢，或许是因为出身不算好，在身居高位之后，他便仰仗着自己的权势，大肆收受贿赂，不管是谁，不管送来的东西是什么，他都照单全收。还没当几年丞相，田蚡就赚了个钵满瓢满，家里的府邸更是豪华至极，令人叹为观止。但即便如此，田蚡依然没有觉得满足，还是从各个方面，想尽办法让自己过得更加奢华放纵。

一次，田蚡突然想要将自己的府邸扩建一下，但寻来寻去，就没找着合适的地盘，最后他看中了考工官署。考工官署，是朝廷的一个机构，负责监察国家手工业，并供应宫廷需要的衣物器皿等的地方，相当于是刘彻的后勤部门。田蚡看中这个地方之后，直接就给刘彻上折子了，说自己想要这个地方，用来扩建自家的府邸。田蚡这种行为非常欠考虑，这不是普通的地方，是属于朝廷的地方，相当于皇上家的一个院子，你跑去跟皇上说看中人家院子了，想拿过来扩建自己家的院子，这不是相当于要和皇上抢地盘吗?

田蚡的行为终于触怒到了刘彻，他勃然大怒，一拍桌子，对田蚡斥责道:“那这宫里的武器库，你要不要也干脆拿去算了!”

刘彻一怒，田蚡才发现事态严重性，吓得脸色苍白，以后再也不敢提这件事了。

对于自己地位的尊崇，田蚡不仅仅在外人面前摆尽架子，即便是在自家人面前，也处处“显摆”。有一次，田蚡在家里摆酒席，同时也邀请了自己的兄长，盖侯王信。古人是非常注重辈分的，古语有云“长兄为父”，对长兄，尊重是理所当然的。但田蚡却觉得，自己可是当朝的丞相，这一人之下的“二把手”，地位是兄长王信根本比不了的。于是，在安排座位的时候，田蚡故意安排自己向东而坐，而安排王信向南而坐。座位的排序实际上反映了客人不同的尊卑身份，一般来说，座次排序是依据官阶大小来定的，而座次的朝向则对尊卑进行了区分。根据宴会举行地点的不同，这些排序稍稍也会有些差异。此次田蚡所举行的宴会是在室内进行的，最尊贵的座次是向东而坐，向南次之，然后是向北，最后向西。

田蚡的骄横放纵刘彻不可能不知道，但他却一直选择沉默和忍让。一方面，刘彻其实和当年的景帝一样，主要是碍于“母亲们”的面子，以及“孝道”下的压力，所以才步步退让。而另一方面，刘彻也在等待，等待着田蚡到天怒人怨、自食恶果的时刻。外戚这个心头刺一直深埋在刘彻的心中，他蛰伏等待着，希望有一天能将这根刺连根拔起。

朝堂“新班子”

脱离窦太后的控制后，刘彻立刻着手，重新组建了自己的政治班子，为日后的改革做准备。除了重用舅舅田蚡以外，刘彻的政治班子里还有两个非常重要的人物：韩安国和汲黯。

韩安国我们之前说过，就是当年梁王刘武手下那个大名鼎鼎的大臣，他曾在七国之乱时，率领军队保卫梁国，抵御敌军，又曾为梁王刘武重拾窦太后的信任，还曾成功说服梁王交出当年刺杀大臣的刺客，化解了景帝与梁王之间一触即发的冲突。梁王刘武死后，其长子继承爵位，新的梁王并不看重韩安国，不久之后，韩安国又因在梁国犯了法，丢官卸职，赋闲在家。

此前，在刘彻刚登基，田蚡担任太尉之职的时候，韩安国就曾贿赂过田蚡，试图通过田蚡的关系东山再起。田蚡收钱之后果然举荐了韩安国，加之韩安国本人也算有些名气，很快就得到了北地都尉的官职，之后不久，由于政绩出众，韩安国又升任大司农，专门负责全国财政经济的管辖。

建元六年（公元前 135 年）的时候，也就是窦太后去世的那一年，闽越王突然发兵攻打南越国，南越王立即向刘彻上书，说因为曾经与刘彻约定过不能轻易大动干戈，所以没有贸然出兵抵抗闽越。刘彻看到奏疏之后，立即下令出兵前往援救南越。当时，汉朝出动了两支兵马，一支由大行王恢率领，从豫章郡出发；另一支就是由大司农韩安国率领，从会稽郡出发。

淮南王刘安得知此事后，也赶紧给刘彻上了一个折子，反对出兵援助南越。刘安的理由有三点：第一，南越和闽越的那些人都不文明，非常野蛮，三天两头打打仗是很正常的，朝廷没必要因为这种事情反应过激，要是他们一打仗，朝廷就出兵，那岂不是没完没了，消耗军力；第二，现在天下百姓都安居乐业，发动战争难免会破坏这种平和，让百姓生出担忧和恐慌，不利于大汉天下的稳定；第三，近来收成不怎么好，打仗就要征粮，老百姓连自己吃都不够了，再征粮，那岂不是断绝老百姓的生路。

除了提出反对意见之外，刘安还发表了自己的一些建议，刘安认为，如果想让那些越人归顺，与其使用武力，倒不如考虑派遣一些地位比较高的臣子作为大汉的使者去慰问他们，用仁德感化他们。越人地处荒凉，大汉军队对越地又不是很熟悉，即便派兵去打了，见汉兵一来，越人就跑，打也打不着多少。而这汉兵只要一撤，越人肯定又会聚众闹事，再次开打。为了力阻刘彻出兵，刘安还举出了秦朝时候亲兵对越作战失利的例子。

但当时，汉朝的军队已经出发了，只是还没有抵达闽越国。原本闽越王对朝廷发兵这件事非常不以为然，并且已经做好了与汉军一决死战的打算。可没想到的是，他的弟弟馀善在这个时候却心虚了，不想和哥哥一起与朝廷作对。于是，馀善私下集结了一批闽越的重臣和贵族，对他们说："王擅自做主，发兵去打南越，让汉家天子龙颜大怒，现在天子派了军队来讨伐我们，这一仗无论是输是赢，对我们都没有半点好处。输了，闽越亡，赢了，朝廷将会派来更多的军队，闽越还是只能亡。这实力的悬殊实在太大，我们根本不可能与汉朝廷对抗。不如我们将王杀了，然后去向天子请罪，他若肯原谅我们，那我们的国家就能保全了；如果他不肯原谅我们，那我们就与汉军拼死一战，不能取胜就向茫茫的大海逃亡吧！"

汉军前来征伐的消息早已让众人心生惶恐，如今听馀善这么一说，当然不肯放过这一线生机。于是，汉军还没抵达闽越，大行王恢的军队就收到了闽越国主动奉上的闽越王的头颅。王恢非常高兴，赶紧联络韩安国，让他停止行军，然后立即将这个好消息上报给了朝廷。

刘彻收到消息之后大喜过望，立即下令军队撤回，并将没有跟随闽越王一起造反的闽越王族丑册封为繇王。但就在这个时候，馀善也在闽越众人的拥护下自立称了王。一国怎么能有两个王呢？刘彻知道这件事后，也不想再因为这个小问题而发动战争，于是干脆又下了一道圣旨，把馀善册封为东越王。这样一来，闽越从此就一分为二了，分别由东越王和繇王各自领导一方。

刘彻对闽越的处理让南越王感恩戴德，并主动提出愿意把自己的儿子，南越太子婴齐送到京师去，做刘彻的护卫，以此来报答朝廷的恩情。此外，刘彻也没有忘记一直力阻自己出兵的淮南王刘安，专门令人前往淮南国，向刘安道明一切，并对刘安忠心为国的精神表示嘉奖。

虽然韩安国实际上在这件事情里并未来得及作出什么成绩，但在此事过后，刘彻还是提拔了韩安国，任命他为御史大夫，从此，韩安国正式加入汉朝廷的中央政治圈。

汲黯我们之前没有提到过，他是濮阳县人，在景帝时期曾经做过太子洗马，也就是太子的侍从官。因此，汲黯也算是刘彻的老相识了。由于汲黯这个人非常正直，又特别敢说话，所以在太子刘彻登基之后，就把他提拔成了谒者，也就是在皇帝身边，专门负责传达命令的近侍，当时谒者规定人数是七十人。

汲黯是道家学派弟子，做事常常只讲大原则，却对小细节不太上心。在他担任谒者的时候，有一次闽越地区发生了战争，刘彻令他带人前往视察情况，结果他还没到地方就擅自中途折返回来了。刘彻非常生气，责问他为何玩忽职守，结果汲黯却回答说："越人之间总是发生战争，那是因为他们本性野蛮，生来就好斗，哪里值得我们大汉朝浪费时间去过问。"

还有一次，河内郡发生了一场规模有些大的火灾，刘彻又派汲黯去视察，汲黯到了地方，查了情况，回来就跟刘彻报告说："那火灾我查清楚了，只是普通人家不慎失火造成的，因为当地民居修建得太密集，所以火势才蔓延得那么快，没什么好忧心的。不过，我路过河南郡的时候，却发现当地遭灾了，百姓无粮可食，饿殍遍野，所以我就赶紧做主，拿皇上你赐的使者符节，下令当地官员开仓放粮进行赈灾去了。皇上，你现在就治我假传圣旨的罪责吧！"

刘彻一听，虽然心中不高兴汲黯不听命令的做法，但也由此生出了一股敬意，认为这个人非常贤良，于是就把他的罪免了，但惩罚还是要惩罚一下的，于是刘彻又下了道诏令，想把汲黯调任为荥阳县令。结果汲黯知道以后不高兴了，觉得让自己当县令是在侮辱自己，于是就以身体不好为由提出辞官。

刘彻非常聪明，一听汲黯这话就知道他心里头想什么，就又把他给召了回来，让他做了个中大夫。之后，汲黯依然坚持自己直言敢谏的风格，结果没过多久，又惹怒了刘彻，被外派去了东海郡做太守。担任太守期间，汲黯只管大事，不抓小事，比如像任用官员这种事情，就管得非常严谨，官员选拔之后，则采取放权的态度，让这些官员自由发挥。汲黯自己由于身体确实比较多病，大多数时间都躺在房间里休息。一年多的时间，汲黯就把东海郡治理得焕然一新，获得百姓交口称赞。于是，刘彻又把政绩卓越的汲黯调回了京师，这回给了他一个高官——主爵都尉，位列九卿。

汲黯性格耿直，同时也非常倨傲。田蚡做了丞相，在朝廷只手遮天的时候，朝中的高官们见到他几乎都要行跪拜大礼，本来按照日常交往礼仪来说，田蚡也应该对行礼之人回大礼，这样才表示互相尊重。但田蚡这人我们说过，非常爱显摆，又自视甚高，常常不给官员回礼，或者干脆草草地点点头就算了。因此，汲黯见着田蚡，从来不行大礼，经常也是学着田蚡的样子，敷衍地拱手作揖一下就完事。

对丞相，汲黯有傲骨；对皇帝，汲黯同样不买账。在窦太后去世之后，刘彻为了重新组建自己的政治班子，便下令广招贤能，并常常大张旗鼓地向群臣阐述自己的政治理想。有一次，刘彻在朝堂上又开始激动地阐述自己未来的宏图大计时，汲黯突然站出来发声了，汲黯说:“陛下，你的心里藏着这么多的欲望，表面上却说得自己好像准备施行仁政一样，这样表里不一，怎么可能真的做出像尧舜那样的丰功伟绩呢?”

这话一出，不仅刘彻脸色变了，这朝堂之上的大臣也都吓得脸都白了。哪有臣子敢这样当众驳皇帝面子的?且不管你说的有没有道理，这样公然地指责皇帝，他能高兴吗?但汲黯不管这些，他看不惯就直接说出口了。刘彻脸色铁青地站着，也不说话，过了一会儿之后大袖一挥，退朝!然后拂袖而去。

回到宫里以后，刘彻依然非常气愤，对着左右就骂开了:“这汲黯实在是过分!怎么可以愚笨刚直到此等地步啊!”刘彻用的词很重要，“愚笨刚直”，而不是“以下犯上”或“大逆不道”这一类的，说明这刘彻虽然气恼汲黯，恼他不给自己面子，但却并未对他动杀心，在这个方面，刘彻对汲黯还是非常宽容的。

汲黯的刚直常常让人胆战心惊，有大臣私下里劝汲黯，让汲黯不要总这样得罪皇帝，汲黯却是这么回答的:“天子为什么要设置百官公卿?难道是为了听大家阿谀奉承，曲意逢迎吗?我不这样认为。今天我身居九卿之位，就不能因为害怕丢性命而罔顾自己的职责，损害了朝廷的利益!”

汲黯身体不好，常常生病，有时一请假就是好几个月。有一次，汲黯病得实在太厉害了，在床上起不来，于是只能让另一个大臣庄助代他去向刘彻请假。刘彻见到庄助之后，问他说:“你觉得汲黯这个人怎么样啊?"

庄助低头想了想，过了一会儿回答说:"我认为汲黯这个人才能比较一般，没什么特别超越常人的地方，但他绝对是个非常忠心的人。如果让他辅佐幼主，他必然会坚定不移，既不会因为外界的诱惑而变节，也不会因为被幼主驱赶就离开，更不可能因为武力威胁而屈服。"

刘彻听完庄助的话后，笑着说:"是啊，古人们说的那种安邦定国的大忠臣，大约就是汲黯这样的人吧!"

可见，对于汲黯，刘彻恨，恨他敢直犯龙颜，恨他不肯听话，恨他不给自己留面子。但同时，刘彻却又从心底欣赏汲黯，喜爱汲黯，欣赏他的刚直，喜爱他的忠诚。正所谓"明君惜直臣"，直臣也唯有遇见明君，双方才可能成就一段千古佳话，正如汲黯之于汉武帝，魏征之于唐太宗。

两代外戚的较量

当刘彻忙着广纳贤才，为自己大展拳脚做人才准备的时候，丞相田蚡却和已经被踢出政治圈的前丞相窦婴杠上了。

窦婴和田蚡同为外戚，还曾携手合作，与窦太后作过对，也算得上是昔日的战友了。如今，随着窦氏一族的没落，两人的际遇也天差地别。田蚡算得上是少年得志，意气风发，身居庙堂之高；而窦婴呢，老年失势，形单影只，位处江湖之远。两人就算没有惺惺相惜的情怀，按理来说，也不应该扯上什么关系，却怎么还能结上仇怨呢？这关键主要还在一个人身上，这个人叫灌夫。

灌夫本来姓张，亲生父亲是颍阴侯灌婴的家臣张孟，灌婴对张孟非常看重，后来还推荐他做了官，张孟非常感激灌婴，于是就随了灌家的姓，从此改名叫灌孟，灌夫也随着父亲改姓而姓了灌。

吴楚七国叛乱的时候，灌孟在周亚夫旗下做校尉，当时灌夫也跟着灌孟一起从军，在周亚夫手下当兵。当时灌孟年纪已经很大了，在打仗时候，大家都很担忧他，希望他做做后勤工作，或者在后头领领援兵也就算了。虽然众人是为了灌孟好，但这种照顾却反而让灌孟心里憋气，不高兴，每次作战都非要做先头部队，领兵去攻打敌人最为坚固的阵地。不久后，在一次作战中，灌孟不幸阵亡了。

当时汉朝有这样一条军规：但凡是父子一块从军的，只要战死一个，另一个就能护送死去的人的灵柩退役回国。灌孟死了，按照规定，灌夫不必再继续打仗，可以回去了。但他却不愿意，坚决不肯护送父亲的灵柩回国，非要留下给父亲报仇。于是，灌夫就召集了军中十几个和他关系比较好的兄弟，打算偷偷对吴军发起突袭。但还没到达吴军的军营，就有好几个人怯了，最终跟随灌夫抵达吴军军营的，只有两名勇士，和他们率领的十几个奴隶。

抵达吴军军营之后，这三人率领着奴隶突然冲了进去，一路喊打喊杀，一直冲到了吴军将旗下，乱砍一阵之后赶紧飞马逃离，但始终是寡不敌众，去的人除了灌夫之外，全部丧命。灌夫的情况也很不乐观，身中十数刀，生命垂危。幸运的是，当时军中正好有一批非常名贵的药材，依靠这些东西，灌夫才保下了一条命。

灌夫伤势才一好转，这为父报仇的心思就又活跃起来了。灌夫的上司，一个汉军将领非常欣赏灌夫的勇猛忠义，不忍心看他白白送命，于是在知道这件事后就立即报告了周亚夫，在周亚夫的极力劝说之下，灌夫才最终打消了深入敌军的念头。在平定七国之乱后，灌夫的事情也随之流传开来，名满天下。

刘彻也听过灌夫的事迹，在登基之后准备重用灌夫，于是他先把灌夫调任到淮阳做了太守。淮阳这个地方非常重要，当时是各国的交通枢纽，把淮阳交给灌夫，显然就是在为让灌夫加入中央政治圈而做准备。一年之后，灌夫被调任到京城，做了太仆。太仆其实就相当于是皇帝的车队队长，给皇帝驾车的。我们知道，景帝时期最著名的驾车之人是卫绾，后来做了丞相。现在刘彻让灌夫来做太仆，想要重用他的心思已经不言而喻了。但灌夫非常不争气，或许是习惯了戎马生涯，突然做了太仆这个清闲的工作，反倒不习惯了，感到非常无聊，天天都去喝酒，而且不喝个酩酊大醉是绝对不肯回去的。

建元二年（公元前139年），就在灌夫做太仆的第二年，他就因为喝醉而惹出了事情。这事说起来其实也很寻常，就是他喝醉之后和某个酒友发生冲突，把人家给打了一顿。但问题是，这个被打的家伙不是一般老百姓，他是窦太后的娘家兄弟，给窦太后担任卫尉的窦甫。窦太后护短得很，自己人被打了，怎么可能咽下这口气，况且这个打人的家伙也不是什么重要人物。

而刘彻舍不得灌夫，为了保住他的小命，赶紧下了一道调令，把灌夫送去燕国做国相了。当时这一做法不过是权宜之计，刘彻一直等着，准备风头过去之后就把灌夫给弄回来。但没想到的是，这灌夫调任之后没多久，又再次因为酒后糊涂触犯法纪被免职了。这次刘彻对灌夫是彻底失望了，干脆让他赋闲在家。

窦婴与灌夫年龄差距很大，两个人是如何产生情感共鸣的呢？

此前我们分析过，窦婴这个人身上颇具一种豪侠之气，他非常推崇春秋战国时期的信陵君，于是就效仿信陵君散财养士。在窦婴得势的时候，很多门客主动前来依附他，门庭十分兴盛。但现在，窦婴失势了，政治前途没了，这些门客也就相继做鸟兽散，纷纷离开了窦婴，让窦婴切实感受到了什么叫世态炎凉。

这两个同样官场失意的人就这样在心态上达成了一种相互理解的状态。加上灌夫也是侠义之人，在门客纷纷离开窦婴之后，他却依然一如既往，常常去看望窦婴，一来二去，两人就成忘年之交了。窦婴虽然被免职，但在灌夫看来，他依然是有侯爵之位的皇亲国戚，瘦死的骆驼比马大嘛，和他交往总归是不会有坏处的。

后来，灌夫的姐姐突然去世了，按照礼法规定，亲人去世是要服丧的，而且服丧期间不能饮酒。可灌夫好酒，而且是非常好。在那段期间，灌夫有一次去拜访了当时已经担任丞相之职的田蚡，这田蚡看见灌夫穿着丧服，就无心地说了句客套话："本来我挺想找你一块儿去魏其侯家里喝喝酒的。不过太不巧了，你现在服丧，只好以后再说啦。”

灌夫这人特别实在，以为田蚡这是在给他攀结的机会呢，赶紧接口说:“将军哪里话啊，您要是愿意去魏其侯家，我怎么好因为服丧这事推辞呢? 赶早不如赶巧，明儿一早就一块去吧!”

原本只是一句戏言，田蚡也没想到灌夫会这么认真，他现在可是当朝丞相，怎么可以去拜访早已失势的窦婴啊。但也不好直接拒绝，就随意地敷衍了下来。

灌夫这回高兴坏了，第一时间跑去窦婴家里，把这事儿说了。窦婴一听，也乐坏了，连夜开始打扫家里，天还没亮就叫人开始准备酒席，可见窦婴这人也是单纯。

说起来，窦婴和灌夫与田蚡都没有什么交情，两人如此“热情”地想要巴结田蚡，说白了，还是希望他能够给自己的政治道路指出一个方向，下放一点儿机会。

第二天一大早，窦婴和灌夫就等着了，可左盼右盼，却也不见这丞相的车驾。后来一直等到中午，灌夫实在沉不住气了，不顾窦婴阻拦，直接奔丞相府去了。到了丞相府之后，找管家一打探，这田蚡竟然还在倒头大睡。知道灌夫直接杀上门来，田蚡不情愿地起了床，对灌夫说:“昨天夜里喝多了，脑袋昏沉沉的，不记得这事了，不过你既然来了，那我就跟你走吧。”

一路上，田蚡也不和灌夫搭话，一副心不在焉的样子，灌夫心里生气，但又怕得罪了田蚡，失去这次与他结交的机会，就一直忍着。

酒席开始之后，灌夫几杯酒下肚，脾气就控制不住了，开始摆脸色给田蚡看，还一直对他出言嘲讽。窦婴可是急坏了，生怕灌夫做出什么冲动的事，赶紧把田蚡给带出去了，一路上低头哈腰，赔礼道歉。这田蚡倒也不急不气，或许觉得这场戏看着还怪有趣，喝得醉醺醺，摇摇晃晃地回家了。

醒酒之后，田蚡回过神来一想，这窦婴对自己这般客气，不就是看自己今天飞黄腾达想要巴结自己吗，既然如此，不趁机敲一笔怎么对得起自己啊！原来，在很久以前，这田蚡就已经看中窦婴家在长安城南的一块地了，但当时，窦婴有窦太后撑腰，碍于这层关系，田蚡也不敢贸然开口去要地。但现在不同了，窦婴主动找上门来，这地还不手到擒来？

几天后，田蚡授意手下一个门客去找窦婴谈地的问题了。但没想到，窦婴一听门客的意思，就气恼起来，斥责门客说："这是什么意思？欺负我老了不中用，要趁火打劫啊！"

谈这事的时候，灌夫正好去找窦婴，也在一边听到了前因后果，顿时气不打一处来，当着门客的面就对田蚡指名道姓地大骂起来。门客回去之后把这事给田蚡说了，田蚡也非常气恼，从此和他们二人结下了梁子。

怨恨上窦婴和灌夫之后，田蚡就决定展开行动打击报复了。这灌夫家非常有钱，在颍川一带称得上是豪强家族。灌夫家的宗族子弟们仗着自己家大业大，在颍川一带横行霸道，常常惹得天怒人怨，坊间还有这样的诗歌："颍水清，灌氏宁；颍水浊，灌氏灭族。"当时刘彻正在着力打击豪强势力，田蚡利用这一点，命人搜集了许多灌氏一族为非作歹的证据，直接上呈给了刘彻，狠狠参了灌夫一本。

田蚡是当朝丞相，灌夫现在不过是个赋闲在家的老百姓，要报复灌夫，他轻轻动个手指头就够了，何必要如此麻烦呢？可见，田蚡的最终目标并不是整到灌夫，他真正要打击的，是在灌夫身后的窦婴。窦家已经失势，但窦婴始终还是皇亲，是实实在在的魏其侯，要处理他，可就不是动动手指头就能完成的事情了。

令人意外的是，田蚡还没来得及就此事对灌夫动手，灌夫就四处叫嚣开，说自己握着田蚡非常重要的把柄，田蚡不敢动他。

说起这田蚡的把柄，就要追溯到刘彻登基第二年时候的事情了。当时，窦婴任丞相，田蚡任太尉。那时的田蚡属于政坛新贵，在朝堂里根基尚浅，正处于广结人脉的阶段。就在那年，淮南王刘安来京城了，这刘安按辈分来算，是汉武帝刘彻的叔叔，田蚡赶紧就巴结上去了。有一次，为了讨淮南王高兴，田蚡对他说："您可是高祖皇帝的亲孙子，是当今皇上的叔叔，要是皇上有什么不测，那将来的皇帝肯定是您！"

这句话是非常大逆不道的，追究起来，这就是在诅咒当今皇上。作为臣子，私交诸侯，对皇上出言不逊，这要是真正追究起来，那可是抄家灭族的谋反大罪啊。这事灌夫是从何而知的，我们不清楚，但这把柄确实非常严重。于是，田蚡也不再吵吵嚷嚷灌氏家族的事情了，两人在表面上达成默契，但暗地里却展开了一场漫长的"拉锯战"。

危机四伏的婚宴

灌夫将田蚡的“罪证”拿来做挡箭牌，但实际上这不仅不能保全他，反而可能成为他的催命符。如果说此前田蚡向刘彻告发灌夫，只是想给他个教训，或者通过他来对付窦婴的话，从灌夫以其“罪证”作为要挟的那一刻，田蚡就必杀灌夫无疑了。

就在田蚡挖空心思寻找对付灌夫的契机时，不想灌夫却自己把机会送上门来了。

元光四年（公元前131年）夏天，田蚡大婚，王太后亲自下诏，要求京城里所有的诸侯大臣都前去参加田蚡的婚宴，给他祝贺。窦婴虽然没有了官职，但依然还是魏其侯，所以自然应该前往去祝贺。而灌夫，既没有官职也没有爵位，按理来说，去不去根本不重要。但就在这个时候，窦婴找上门来了，非要拉着灌夫一起去给田蚡祝贺。窦婴的想法非常简单，就想着借这大喜的日子，调和调和灌夫与田蚡之间的矛盾，但他却忘记了一个事情——灌夫这个人的脾气。

灌夫原本是不想去的，但在窦婴的动员下还是勉为其难地跟去了。在婚宴上，田蚡按照当时的礼节，首先向众人敬酒，大家则纷纷避席，以示敬意。这避席指的是古人一种礼节，在宋朝之前，古人并不习惯坐凳子，一般来说都是直接席地而坐。在与客人交际的时候，为了表示自己对对方的尊敬，古人一般都会起身离开自己的席位说话，这就是避席之礼。

田蚡是婚宴主角，同时也是当朝新贵，人人都对他敬畏有加，在向他敬酒时，自然都毕恭毕敬地行避席之礼。窦婴在辈分上来说比田蚡要大，但毕竟只是个“过气”丞相，很多人早就不把他放在眼里了，因此在窦婴敬酒的时候，除了那些曾经与他交情不错的同辈人依旧以避席之礼对待他之外，其他人几乎都是敷衍了事，随随便便欠欠身。受到这等怠慢，窦婴心中虽然不满，但这么多年也算看透了世态炎凉，倒也还是可以泰然处之。但窦婴身边的灌夫就不同了，来的时候本来就不乐意，现在看到这些人的样子，心里就更加憋气，为窦婴大鸣不平了。

轮到灌夫向众人敬酒的时候，按照惯例，灌夫先是向新郎官田蚡敬酒，田蚡一见是灌夫，不仅没有行避席之礼，甚至连酒也只轻轻抿了一口，然后就说道:“喝多了，实在喝不下了。”

田蚡敷衍轻视的态度顿时让灌夫怒气冲天，恨不得把酒杯直接摔田蚡脸上。但这个时候，灌夫还很清醒，他明白自己这身份，惹不起田蚡，只好强压下怒气，继续给其他宾客敬酒。当敬到自己的本家兄弟灌贤时，灌贤当时正和坐在一旁的将军程不识相谈甚欢，没有留意到灌夫过来了。灌夫本来心里就窝着火，现在看到自己本家兄弟也对自己没有丝毫恭敬，顿时就火冒三丈，这田蚡他惹不起，灌贤他还怕不成?！于是气呼呼地指着灌贤的鼻子大骂:“平日里你把程不识骂得一文不值，现在像个娘们似的和他交头接耳，没看到你长辈我给你敬酒来了啊，装什么模做什么样啊！”

灌贤顿时就懵了，论资排辈，灌夫是自己的长辈，刚才自己虽然不是故意的，但礼数上确实没照顾好，也就只好乖乖低着头不说话，任灌夫发泄了。

结果田蚡注意到了这事儿，慢悠悠地走了过来，不紧不慢地开口说道：“灌夫啊，程不识将军和李广将军，一个是皇上的卫尉，一个是太后的卫尉，今天你当众这么侮辱程不识将军，这是把李广将军也给骂了是吧？”

原本灌夫骂的是灌贤，但经田蚡这么一说，灌夫骂的人反而成了程不识了，而且顺便还挂上了一个李广。这程不识和李广，那分别是皇上和太后的人，俗话说打狗还得看主人呢。田蚡端出了这么多人，这就是在给灌夫下套呢。如果灌夫还清醒，或许不会这么冲动，一头栽进田蚡下的套里，但现在，灌夫酒已经喝得差不多了，又正在气头上，哪还有心思去考虑其他事情，想也不想就直嚷嚷道：“今天你就是要砍我的头，穿我的心，我也不管了！谁管他什么程不识和李广的！”

灌夫这么一闹，宾客都吓坏了，谁也不愿卷入这场是非，纷纷起身告辞，窦婴一看情况不妙，赶紧上前拉着灌夫就要走。可田蚡怎么可能放过这个千载难逢的机会，他就等着灌夫耍酒疯闯祸呢。于是田蚡赶紧上前一步，拦住了灌夫，正色道：“这场婚宴可是遵从太后的旨意办的，灌夫你大闹宴席，那可是对太后大不敬！”

随即，田蚡一声令下，把灌夫当场就拿下了。这个时候，田蚡手下一个叫做籍福的门客赶紧过来了，劝着灌夫，让他向田蚡道歉。但灌夫却牛脾气上来了，不肯领籍福这个和事老的情，死活就是不低头，还恶狠狠地瞪着田蚡。田蚡越发愤怒，立即传令说：“灌夫对太后不敬，绝不能姑息他！把灌氏一族全部都给抓起来！”

这场危机四伏的婚宴终于推到了最高潮，灌夫再一次因酒而闯祸，只是这一次的祸恐怕灌夫再也躲不过去了。

窦婴之死

灌夫的意气用事引发了灌氏全族的祸端，自己也身陷囹圄，危在旦夕。而窦婴呢，发生这件事后便一直非常自责，他认为，如果不是自己非要拉着灌夫去参加田蚡的婚宴，那么绝不会发生这样的事情。于是，为了救出灌夫，窦婴求爷爷告奶奶，四处找关系，甚至打算主动献出田蚡曾经看中的那块地，希望能换灌夫一条命。但现在已经来不及，当初田蚡要的时候你不给，现在拿出来还有什么用呢？

看窦婴为了灌夫四处奔走，窦婴的老婆不乐意了，劝阻他说：“灌将军得罪的不是别人，是丞相大人，这丞相大人可是太后的亲兄弟，就凭你，能有什么能耐救他啊？到时候引火烧身，那可麻烦了！”

窦婴连连摇头，回答老婆说：“我现在这魏其侯的爵位，是自己真刀真枪拼来的，即便因为我替灌夫求情，把这爵位给丢了，我也不觉得可惜。仲孺（灌夫字仲孺）是我的生死之交，无论如何，我也不能任由他去死，自己独自偷生啊！”

这个时候的窦婴还是很乐观的，他所预想到的最坏结果，就是丢掉自己的爵位，却从未想过，他可能因为这件事，丢掉自己的性命。

最后，求救无门的窦婴决定铤而走险，瞒着家里人上了一封奏折给刘彻，向他求救。刘彻收到折子之后，立即就召见了窦婴，窦婴把田蚡婚宴上发生的事情原原本本地向刘彻汇报了一遍，然后“噗通”跪在了刘彻面前，说道：“皇上啊，这灌夫酒后行事确实荒唐，但他真是无心之失，不是真的对太后不敬，罪不至死！皇上您就救救他吧！”

田蚡是个什么样的人，刘彻再清楚不过，从情感上来说，刘彻对窦婴和灌夫是存有欣赏和同情的感情成分的，但问题是，田蚡的后台是王太后，是他的母亲，在这件事情上，灌夫确实有错，而田蚡治灌夫罪的理由又是“对太后不敬”，这头衔一扣上，就是摆明了要把王太后拉下水，此时，如果自己贸然介入，必然会引起太后不高兴。于是思前想后，刘彻决定干脆直接在朝堂上举行一场“辩论赛”，让窦婴和田蚡当面对质，然后朝臣作见证，一起来裁决这件事情。

辩论一开始，窦婴就慷慨陈词，历数灌夫在七国之乱时候大大小小的功绩，试图让灌夫能够将功抵过，逃过这次罪责。

田蚡也不和他争辩，就死咬着灌氏一族在颍川横行霸道的事情，说国家现在正主力打击豪强，谁是豪强？灌夫和灌氏一族就是豪强！面对这样的豪强，怎么可能放过呢？

眼看这情势不利，窦婴只好转而开始攻击田蚡，揭他的短。但说来说去，窦婴攻击田蚡的，不过就是几点：爱钱、爱女人，生活奢侈。这虽然不是什么好事，但却也不是什么致命的大事。

田蚡很聪明，听窦婴这么指责自己，倒也没反驳，大大方方认了：我就是喜欢这些，我就是生活作风不好，那又怎么样啊？是什么大错误吗？但窦婴和灌夫就不一样了，两个人整天躲在家里，神神叨叨地，观天象，画地理，诽谤朝廷，还诅咒太后和皇上。

这回情势顿时就逆转了，窦婴和灌夫莫名就被扣上了“谋反”的帽子，众大臣谁也不敢接口。谋反这种事情是非常敏感的，尤其是这种暗地里干的事情，难以判定罪责，也难以界定犯罪事实。刘彻一看，再让他们这么吵下去，指不定再说出些什么预料之外的事情，赶紧叫停，然后让其他大臣发表一下自己的看法。

原本刘彻想着把这个烫手山芋丢给朝臣，借由朝臣之手来救灌夫，怎料，这朝臣们都不傻，谁也不肯以身犯险去接这个烫手山芋，谁都怕得罪了田蚡和王太后。就在皇帝和朝臣们相持不下的时候，还是御史大夫韩安国站出来打了圆场。韩安国说道：“这魏其侯说得很对，灌夫确实曾经为朝廷立过大功，如果只因为酒后失言这么点儿小罪，那肯定是不该杀的。不过嘛，这打击豪强也是朝廷的基本国策，如果灌氏一族真的鱼肉乡里，那么也是必须剪除的，所以田丞相说的，也是很有道理的。至于最后要怎么办嘛，还是要仰仗皇上您的圣裁了！”

韩安国一番圆滑的言论，两边谁也不得罪，但却又把这个烫手山芋丢回了刘彻怀里，把责任推了个干干净净。刘彻这回怒了，拂袖而去，这场辩论也就这样不了了之了。

刘彻心烦意乱地到了王太后寝宫，想要探探太后的口气，但没想到，这才刚一进去，就看到王太后在发火，哭哭啼啼的。原来这王太后一直都在关心着这场辩论的动向，得知情况后就生气了，一见到刘彻就哭诉道："我现在还活着，你们就开始欺负我弟弟，那以后我死了，我们王家的人岂不是只能任人宰割了！还有你皇上，你是没感觉的石头吗？你舅舅被人这么欺负，你怎么能一句话不帮他说呢！"

王太后这显然就是在向刘彻施压，立场已经很明显了。她、刘彻、田蚡是一家人，一家人能不站在一条阵线上吗？刘彻耐着性子劝解王太后许久，但王太后就是不理他，甚至还发起了"绝食抗议"。无奈之下，刘彻只能把心一横，为了哄母亲开心，把窦婴也给直接关大牢里去了。

窦婴一番义气，却不想救人不能，反而把自己给搭了进去。在牢里思前想后，窦婴突然想起了一件事，当年景帝辞世之际留过一道遗诏给自己，这遗诏上头写了九个字：事有不便，以便宜论上。意思就是，以后如果遇到什么棘手的事情，只要拿着这个遗诏，就能直接向皇帝告状申冤。

虽然这不是"免死金牌"，但对于窦婴来说，也算得上是救命稻草了。窦婴相信，只要给他机会再见刘彻一面，必然有机会改变情况，他始终觉得，皇上的心是偏向自己的。于是，窦婴匆匆忙忙把侄子找来了，让他把这事告诉刘彻，另一方面也通知家里，赶紧把这份景帝留下的遗诏找出来呈递上去。

一般来说，为了防止作假，皇帝每下一道诏书都是要进行存档的，接受诏书的大臣那里一份，宫里的“档案馆”也要存个“副本”，到时候有大臣拿出皇帝诏书说事，就把那诏书和留底的一对比，验证真假。因此，窦婴的家人把那份景帝遗诏呈递上去之后，宫里就赶紧在“档案馆”翻资料了。但令人惊讶的是，“档案馆”里头根本找不到景帝这份遗诏的副本。这回事情严重了，窦婴身上背的罪又多了一条，而且是非常严重的一条：伪造景帝遗诏。

这是历史一大疑案，窦婴怎么说也是三朝元老，不可能不知道伪造遗诏是多严重的罪行，在这种情况下，怎么也不可能想出伪造遗诏这种昏招。但如果这份遗诏是真实的，宫里为什么却找不到副本呢？这到底是有人成心陷害，还是当初景帝留遗诏时犯下的严重失误？不管真相如何，如今已是时过境迁，我们也再难追寻到埋藏历史之下的真相了。

元光四年（公元前 131 年）十月，灌夫及灌氏一族被处决。同年十二月，窦婴也因伪造景帝遗诏而被斩首。

窦婴死后不久，次年三月期间，田蚡莫名患上了一种怪病，一直大喊着“认罪、认罪”，不久后便离奇死去了。

汉朝沿用了秦朝历法，十月为每年的第一个月，然后是十一月、十二月、一月……因此，三月从当时的时间上来说，是排在十二月之后的，因此，田蚡是在窦婴死后三个月才患病死亡。

随着窦婴和田蚡的死亡，两代外戚的生死较量也终于落下帷幕，外戚势力逐步土崩瓦解，饱尝两代太后掣肘的汉武帝刘彻也终于放开了束缚的手脚，向他背负的历史使命迈出了一大步，中央集权的政治目标也向前推进了一大步。

第四章

令人头痛的诸侯

汉武帝一生的主要奋斗目标，除了抗击匈奴之外，就是与本朝的外戚、诸侯等作斗争，加强中央集权。随着窦氏和田氏之间的争斗落幕，诸侯问题逐渐凸显出来。自西汉初年刘邦大封诸侯王之后，便为后世子孙留下了难以根除的祸患。景帝时期的吴楚七国之乱依然历历在目，削藩问题已是刻不容缓，面对困难重重的诸侯问题，年轻的皇帝刘彻又将何去何从？

阴谋重重的"推恩"

元朔元年（公元前128年）十一月间，汉武帝刘彻突然颁布诏令，再次督促朝廷官员向上举荐人才，并规定但凡是二千石的官员，不向朝廷举荐人才者，都要负上"刑事责任"，接受朝廷的惩罚。诏令才刚一颁布，立马就有官员为附和刘彻而提出，以后如果遇到没有举荐人才的官员，就以对天子"不敬"之罪进行处理，因为他没有听从天子的诏令为朝廷寻找人才；而对那些没有好好考察就乱推荐人的，则要按照不能胜任官职的罪责免除他的官职。这一提议迅速获得刘彻支持，自此，推举人才正式成为了西汉官员必须履行的职责之一。

而就在这一年，三位非常有才学的人通过上书汉武帝，陈述自己的政治观点而得到重用，他们分别是临淄人严安、燕郡无终人徐乐、以及临淄人主父偃。

严安的政治观点是：朝廷应该建立相关的制度来对百姓的过度欲望进行约束，比如禁止富有的人在贫穷的人面前夸耀自己拥有的财富，以调和民心，安抚老百姓。严安认为，人性就是只要看到别人拥有好的东西就会想要效仿，这种人性往往导致人们失去明辨善恶是非的能力。比如，当老百姓看到做生意的人拥有财富的时候，就会为了同样拥有这些财富而放弃农桑业也去做生意。长此以往，便会摧毁国家的根本。因此，严安提出，国家之所以走向衰亡，正是因为统治者坚持实施错误的政策。秦朝为什么会覆灭？那就是因为秦王穷兵黩武。武力征服只能让一部分人获利，但对于国家的长治久安，却是非常不利的。

徐乐在上书中这么写道："臣闻天下之大患，在于土崩，不在瓦解，古今一也。"徐乐进一步解释，这"土崩"，实际上就是秦朝末年时候出现的情况。秦末君主暴政，导致民不聊生，社会风气也混乱不堪，但国家却没有重视这个问题，让其继续恶化。以至于一个平民百姓，毫无身份背景的陈涉，振臂一呼便得到了天下人的呼应。这种情况就称之为"土崩"，是非常严重的。

那什么是"瓦解"呢？那就好比景帝时期七国之乱的事情。与景帝作对的七个诸侯国所出动的兵力是陈涉那等人所不能比拟的，他们的财力也同样非常雄厚，足以支撑他们完成任何霸业。但最终，七国诸侯王依旧兵败中原，未能占据尺寸之地。这是因为统治者施行仁德之政，百姓得以安居乐业，生活富足，因此不会有人生出反心，投靠谋逆的诸侯王。这就是"瓦解"，可见，"瓦解"或许会带来一定的破坏，但却不足以撼动国家的根本。

通过对"土崩"和"瓦解"的解释，徐乐得出了一个结论，认为贤明的君主应该懂得观察局势，根据天下的情况制定相应的执政纲领，以此防止国家出现"土崩"的局面。徐乐进一步提出，近来函谷关以东的地区粮食歉收严重，百姓已经穷困潦倒，但仍然需要承受朝廷征粮带来的负担，如果长期这样下去，必然会让百姓生出反心，导致局势动荡。因此，君主应该重视这一问题，防患于未然。

主父偃对西汉王朝来说是非常重要的一个人，在刘彻对付诸侯的问题上，主父偃可说是第一功臣。主父偃早期主要活动在齐、燕、赵一带，但一直未能得到赏识和重用，其他儒生也联合起来排挤他，因此主父偃在早前很长一段时间生活都非常贫苦。由于在地方上不得志，主父偃便决定孤注一掷，向京城长安寻求发展。

元光元年（公元前 134 年）的时候，主父偃来到了长安，他先去拜见了卫青，希望卫青能够引荐他。虽然卫青是刘彻新宠卫子夫的亲弟弟，可以说是皇亲国戚。但当时卫青并没有什么作为，只不过仰仗着姐姐卫子夫的关系，勉强在朝里做了个官，因此在刘彻面前，卫青实际上也没有什么话语权。所以卫青虽然尽心尽力地想办法推荐主父偃，但刘彻始终没放在心上，主父偃也始终没机会见到刘彻。

直到这一次，刘彻下令广招贤能，主父偃找到机会了，赶紧给刘彻上书，没想到这次非常顺利，主父偃折子刚递上去，当天就得到了召见。主父偃的折子能一举俘获天子的心，主要是提及了九项事情，这其中八项都是有关律法的，而第九项则是力劝刘彻放弃与匈奴作战的打算。为了说服刘彻，主父偃还引用了《司马法》中的一句话:“国虽大，好战必亡；天下虽平，亡战必危。”

当年，秦始皇在统一列国之后，自信心膨胀，决定把匈奴一块打了。丞相李斯非常反对秦始皇这一决策，李斯认为，这匈奴一没有固定的居住地方，二没有固定的钱粮储存仓库，要打他们，秦军就必须深入敌境，这样一来，粮草问题就难以解决。即便攻打匈奴取得了胜利，实际上也不会为国家带来多少好处。匈奴人难以教化，匈奴的土地也并不肥沃。所以，这个决策可以说是百害而无一利。但秦始皇最终也没有听从李斯的劝告，一意孤行向匈奴发起进攻。最终，长期的征战不断增加人民的负担，导致了秦王朝的土崩瓦解。

在以秦朝历史作为佐证之后，主父偃又摆出了高祖皇帝刘邦曾经试图攻打匈奴，最后却依然失败的历史教训。当年，高祖刘邦平定天下之后，也生出了要攻打匈奴的念头，结果最终却被匈奴围困白登城，险些丧命。之后高祖非常后悔，这才决定与匈奴缔结盟约，让天下得以太平。

我们曾数次强调过，汉武帝刘彻最终的政治理想是要实现“大一统”，要实现这个政治理想除了高度的中央集权之外，另一个更重要的事情，就是要解除外族对西汉的骚扰，而一直以来，从秦时开始，一直到现在汉武帝掌权，最让朝廷头疼的外族就是匈奴。因此，对于刘彻来说，平定匈奴无疑正是一项能够千古流芳的伟大功业。

但正如主父偃所说，中原与匈奴的对战已经不是一次两次了，始终没能取得什么实质性的进展和成绩，这些历史教训让世人对匈奴产生了一种心理阴影，认为只能向匈奴求和而不能与匈奴一战。因此在朝堂之上，刘彻对匈奴作战的想法一直受到质疑和劝阻。

而现在，无论是主父偃还是之前上书的严安和徐乐，其政治观点实际上和当时朝堂的主流观点是一致的：反对征讨匈奴。这一观点显然与刘彻的打算背道而驰，但有趣的是，刘彻在看到这三个人的折子之后，不仅没有勃然大怒，反而非常激动地召见了他们，一个劲儿地对他们说：

“你们当初都躲在哪里啊！我们真是相见恨晚！”

之后，刘彻立即下诏，任命三人为郎中。郎中就是皇帝身边的侍从官，官阶不高，但在政治上却很有发言权，实际上算是皇帝“内朝”的主要组成人员。这三人中，刘彻对主父偃尤其欣赏，一年之内就连升他四次，官拜中大夫。从这件事可以看出，作为皇帝，刘彻非常懂得容人，虽然主父偃等三人在攻打匈奴的问题上与他政见不一致，但刘彻并未因此而埋没了他们的才能，反而加以重用。

再说到主父偃，在刘彻的赏识之下，他的人生出现了一道落差非常大的分水岭。此前他贫困潦倒，仰人鼻息，但现在他却摇身一变，成了朝廷新贵，其人生际遇简直是天差地别。或许正是此前的痛苦经历，使得主父偃的个性变得有些扭曲。在得势之后，他开始疯狂敛财，并肆无忌惮地羞辱其他官员，摆出了一副“小人得志”的嘴脸。曾经有人劝告过主父偃，让他做人留后路，不要像个刺头一样，但主父偃却对那人说：“我吧，要是活着不能享受穷奢极欲的富贵，那死了以后干脆去享受被烹煮的酷刑好了！”

可见，在个人作风和人格品德方面，主父偃确实很扭曲，没有任何可取之处。但不得不说，他也的确是个聪明绝顶的人，因此才能得到汉武帝的赏识和重用。我们说过，主父偃对西汉王朝有着不可估量的影响，是解决诸侯问题的第一大功臣，那么，在刘彻与各诸侯的博弈之中，主父偃到底发挥了什么效用呢？

想当年，为了与楚霸王项羽抗衡，高祖刘邦大肆分封异姓诸侯，以此笼络人心，为自己赢得舆论支持。当西汉政权建立之后，这些异姓诸侯的野心开始膨胀，刘邦敏锐地察觉到了这一点，于是与这些异姓诸侯展开了一场长久的对抗，最终，当年刘邦册封的七个异姓王被剿灭六个。而在与这些异姓诸侯王对抗的过程中，刘邦则转而大肆分封同姓诸侯王，他认为，异姓诸侯王之所以不可靠，是因为没有血脉的相连，但同姓诸侯王不一样，毕竟血浓于水，他们是很可靠的。但这样一来，刘邦却为他的后世子孙留下了大麻烦。

随着时间的流逝，在经过几代传承之后，刘邦所分封的同姓诸侯王与皇室之间，血缘关系已经十分淡薄，而这些诸侯王也随着势力的逐渐扩大而日渐不把皇室放在眼里。到景帝一朝时，终于爆发了吴楚七国之乱。而吴楚七国之乱爆发的导火索，实际上就是“削藩”。皇室意识到诸侯王势力增长对其统治的影响，于是决定削藩，但削藩政策却会触及诸侯王的利益，必然引起反抗，这就是皇室与诸侯王之间问题的一个关键点。这个困扰西汉王朝长达数十年的问题，始终没有找到合适的解决办法。

当刘彻和先祖们一样，被这个问题困扰得停步不前时，主父偃站出来了，他说:“古代的时候，诸侯封地不过百里，根本不具备与朝廷抗衡的力量，因此不会对朝廷的统治造成威胁。但现在，放眼天下，有的诸侯王竟拥有数十座城池之多，封地达到千里之广，朝廷只要稍微松松手，他们就能蹬鼻子上脸；但如果朝廷想要握紧对他们的控制，他们又会联合起来反抗。可见，公然地展开削藩是不可行的。陛下不知你有没有想过，现在很多诸侯王都有十几个孩子，但能继承王位的，只有嫡长子一人，其他人呢？得不到一寸土地，这其实与朝廷推崇的仁孝之道有些相悖啊。因此，臣斗胆向陛下建议，能给各诸侯王们一个特权，让他们可以将从朝廷得到的恩惠分给所有的儿子。也就是说，让诸侯王可以拥有把本国封地分封给各个儿子的权力，这样一来，大家不都能够享受朝廷的恩泽了吗！而且，这道‘推恩’令一下，陛下你的心头大患也解决了，诸侯王主动分割自己的封地，就相当于主动削弱了自身实力，如此一来，不需削藩，诸侯之问题也能迎刃而解。”

主父偃一席话顿时让刘彻茅塞顿开，这一方法巧妙地绕开了“削藩”带来的副作用，并完美地解决了困扰刘彻许久的诸侯割据问题。刘彻大喜过望，立即按照主父偃的建议颁布诏书。结果正如主父偃所料，这“推恩”令一下，众多诸侯王及其子弟都欢欣鼓舞，主动向朝廷奏报分封土地的事宜。此后，汉朝廷没有动用一兵一卒，便成功地让诸侯王主动分散了其封国的力量。

据《汉书·王子侯表》记载：元朔二年（公元前 127 年），汉武帝刘彻正式颁布“推恩”令后，河间王国先后分散成为十一个侯国；淄川王国先后分散成为十六个侯国；赵王国先后分散成为十三个侯国。此外，城阳、济北、中山、广川、代、鲁、齐、长沙等诸侯国也都相继“推恩”，分散成若干个小侯国。按照西汉制度，侯国隶属于郡，地位相当于我们今天的县。因此，“推恩”令的颁布，一方面来说缩小了各个诸侯国的土地，而另一方面来说，同时也扩大了朝廷直辖的土地，从根本上瓦解了各个侯国的根基和战斗力。为刘彻解决诸侯问题，实现最大限度的中央集权统治奠定了基础。

主父偃以身弑两王

就在主父偃得到刘彻赏识，在朝堂之上平步青云的时候，突然有个人找上门来，此人自称是已故燕国肥如县令郢人的兄弟，请求主父偃帮忙，让他可以向皇上告发燕王犯下的罪行。主父偃非常诧异，虽然有些半信半疑，但还是接待了这个人，并从他口中得知了事情的来龙去脉。

此人所要状告的，正是燕国诸侯王刘定国。刘定国是刘氏宗亲刘泽的孙子，据此人描述，刘定国是个非常淫乱变态的人，他一方面和自己父亲燕康王的姬妾通奸，而且还生了一个儿子，另一方面又抢了亲弟弟的妻子。最变态的是，刘定国在后来甚至和自己的三个亲生女儿通奸。这些事情被当时燕国肥如县的县令郢人知道了，郢人是个十分正直的人，刘定国收买不成，担心他向朝廷告发自己的丑事，竟一不做二不休，捏造罪名把郢人给处死了。

郢人的兄弟一直想要揭发这些丑事，为自己无辜被杀的兄长申冤，可却一直求救无门，直到如今，他托了许多关系，找了许多门路，这才被人引荐下见到了主父偃。

听了此人的叙述后，主父偃立即挺身而出，给刘彻呈上了一封折子，将此事原原本本奏报给了刘彻，燕王刘定国的丑事和罪行才终于败露。自己的宗族里出了这么个无视纲常伦理的家伙，刘彻非常愤怒，当即就把这事提上了朝议。最终，群臣一致裁定，刘定国的行为实在是禽兽不如，论罪当诛！消息很快传到了燕国，刘定国知道事情败露，自己已经是走投无路，绝望之下只好选择自杀，燕国封号从此废除。

从客观来说，这回主父偃做了件大好事，揭发了一个罪人，平反了一起冤案。但可惜，主父偃这个人品德实在太差，人缘也非常不好，大家非但没觉得主父偃做了件正义的事情，反而还一致认为，主父偃这人心胸狭窄，挟私报复燕王，因此才站出来帮郢人申冤。

主父偃和燕王之间有什么恩怨呢？这要从主父偃早期时候的事情说起了。主父偃最早的时候是学长短纵横之术的，但到中年时，汉武帝刘彻突然开始尊崇儒学，为了迎合皇帝，主父偃见风使舵，改而学习《周易》《春秋》以及百家之言等。对于半路出家的主父偃，齐国的儒生都相当不齿，一起排挤他。无奈之下，受人排挤又怀才不遇的主父偃只好离开了齐国，前往燕国和赵国等地碰碰运气。但很显然，他在燕国和赵国的际遇同样也不好，燕王和赵王都没看上他，导致他一度穷困潦倒，过着仰人鼻息的生活。因此，众人都认为，主父偃这个小心眼的家伙，挺身而出做这件事情，那是报复当年燕王刘定国“有眼不识泰山”。这种想法确实有些夸张了，但也反映出，主父偃为人处事方面欠妥。

更为凑巧的是，燕王事件才刚落幕，齐国厉王又中招了。而这一次，还是和主父偃有关。

有一天，主父偃突然上书刘彻，说：“这齐国的势力实在过大了，单它的都城临淄就有超过十万户人家，那些商税什么的，一天就能往上收千金之多，不管是人口还是财政收入，和长安相比，都有过之而无不及。但这齐王和陛下你的亲缘关系经过这些代之后倒是越发疏远了，想当初，吴楚七国之乱的时候，齐王也是差点儿就搅了浑水的，所以这齐国啊，让人不得不防。我听说，这齐王的宫里头也不干净，齐王和他的亲姐姐有悖人伦，做出了伤风败俗的事情……"

剪除诸侯王，那可是刘彻最乐意干的事情，如今有把柄送上门来，刘彻当然欣然笑纳。但空口无凭，怎么也得找到证据，就像此前的燕王案一样，证据确凿了，行事也就理直气壮、光明正大了。于是，刘彻就把主父偃派去齐国了，让他担任相国，暗地里去搜集证据，把这事给核实一下。

此前郢人的冤案中，是郢人的兄弟主动找上主父偃，请他主持公道的，因此主父偃的挺身而出尚有可能确实出于公义之心。但现在，他主动告发齐厉王，则不乏挟私报复的想法了。为什么呢？这事还得从王太后给孙女找女婿的事说起。

王太后在给自己孙女物色女婿的时候，一个名叫徐甲的宦官想讨好太后，便主动跟王太后说："我觉得这诸侯之中，齐厉王很不错，我本是齐国人，不如就让我去给齐厉王提提醒，让他上表求亲，怎么样？"

当时，齐国算是各诸侯国中实力比较强大的，王太后也比较满意齐厉王这个孙女婿，就点头同意了。随即，徐甲就收拾东西，准备低调去齐国给太后"保媒"。这件事情办得非常秘密，但天下哪有不透风的墙，这事让主父偃得知了。主父偃心里的小算盘立马打起来了，这自己的女儿也到了适婚年龄，也是时候该找对象了。于是主父偃连夜就去找了徐甲，对他再三恳求，说:“就劳烦您顺便跟厉王说一说，把我的女儿也给弄去齐国后宫里头吧!”徐甲也没多想，反正就是个顺手的事儿，加之主父偃现在是皇上跟前的大红人，卖给人情给他也没什么坏处，于是爽快地答应了。

但没想到的是，徐甲到了齐国之后，还没来得及把这王太后的意思传递给齐厉王，只稍微放了个口风，就把齐国的纪太后惹怒了，纪太后把徐甲大骂一顿，厉声说:“厉王有王后了，妃嫔也够了，不需要再把其他女人弄来!”

结果，这事儿还没等正式开口，就这么黄了。徐甲非常郁闷，这事也没法在王太后跟前交代，那不是自己找不痛快吗。就在这个时候，齐国宫廷里头的一些丑事不胫而走，被徐甲给听去了，徐甲顿时有了主意，赶紧回了长安。

回到长安之后，王太后立即召见了徐甲，打听这孙女的亲事顺不顺利。徐甲回话说:“我一把这事儿告诉厉王，他可高兴了，马上就答应。但这去齐国这一遭吧，我心里有些担心，这厉王的宫里如果出了像燕王那样的事儿，那可怎么办啊……”

一看徐甲一副为难的样子，王太后立马就懂了，这徐甲怕是在齐国听到了什么事情，暗示她这齐国王宫里头不干净呢，于是马上下令，让众人谁也不许再提自家孙女和齐国结亲的事情。徐甲就这样把这事儿给躲过去了，但经他这么一说，齐国王宫的那些丑事也就在汉宫之中暗地里传开了。

王太后的孙女，那是货真价实的金枝玉叶，根本不愁嫁，因此和齐厉王的事儿不成，王太后不仅没有生气，反而还挺庆幸徐甲早些发现了这猫腻，避免了一场悲剧。但主父偃可不同了，他当初就是抱着攀龙附凤的心思去求徐甲的，现在王太后孙女的婚事吹了，自家女儿不也同样没希望了吗，真是越想越气恼。结果就在这事发生不久之后，他就去刘彻面前把齐厉王给状告了。

那么，齐国宫里的丑事究竟又是怎么回事呢?

齐国厉王的母亲纪太后是个非常有野心的女人，为了让自己的娘家一直备受荣宠，她和当年的薄太后一样“包办婚姻”，把自己的亲侄女嫁给厉王做王后。但是厉王对这个表妹是一点儿意思都没有，甚至可能因为被纪太后强迫娶了她而故意赌气，就是不肯和她同房。这纪太后非常气恼，于是纪太后就把自己的长女，也就是齐厉王的亲姐姐找来了，让她“整顿后宫”，其实就是盯着厉王，不准其他的妃子接近他，想以此来逼迫厉王就范。可纪太后怎么也没想到，这厉王不仅没有因此而宠幸表妹，反而和自己的亲姐姐越轨了。

徐甲“保媒”的时候，正好纪太后就在处理这事，因此纪太后才会勃然大怒，把徐甲给臭骂一顿赶走了。

可见，这野心推动下干出的事儿，真没几件好的，厉王和亲姊乱伦的事儿，说到底还是纪太后自作孽。而这一连串的事情凑在一起，使得齐国把主父偃这煞星给招惹去了。

主父偃原本就是齐国临淄人，但他在临淄生活的那段岁月，实际上并不快乐，相反的，可能还痛苦颇多。当时他在齐国受到排挤，连自家人都看不起他。我们知道，主父偃这个人是非常“小人得志”的，以前他在临淄备受侮辱，如今衣锦还乡，肯定要报复一下曾经瞧不起自己的那些人。

果然，主父偃一到齐国，就叫人把自己昔日的亲戚朋友都给叫来了，当时出城来迎接他的人非常多，毕竟是相国初上任嘛。见到那些曾经对自己不好的亲戚朋友之后，主父偃冷笑了几声，当着众人的面，拿出了五百金，在他们面前往地上一丢，傲慢地抬着下巴说道："当初吧，你们都挺看不上我的，现在，我一升官，你们倒是很热情，跑出一千多里来迎接我。想当初我们也算是有些交情吧，今天既然我发达了，也不能把你们都给忘了。地上这些钱就当是我给你们的见面礼，赶紧捡完，以后就不要再出现在我面前了！"

主父偃睚眦必报的个性真是展露无遗。

到达齐国之后，主父偃立刻着手调查齐厉王的事情，并且还找到了那个带厉王到他姐姐寝宫的宦官，对他严刑拷打，甚至威逼利诱，让他把厉王给供出来。那个时候的厉王还非常年轻，没经过什么大风大浪，见主父偃这样子，顿时吓坏了，再想到此前燕王刘定国事件，更加寝食难安，没多久整个人就崩溃了，主父偃还没问出什么所以然来呢，厉王就自己喝毒药自杀了。

这样一来，主父偃就把事儿闹大了，他一个小小的相国，竟然活生生逼死了堂堂的诸侯王，真是举国震惊！加之齐厉王之前与纪太后较劲儿，还没来得及有子嗣，没有继承人，齐国的封号只好也被撤销了，齐国大片的土地则收归朝廷所有。主父偃可以说是以一人之力，把一个诸侯国给"灭"了。

然而就在这个最敏感的时间点上，赵王刘彭祖又突然给汉武帝刘彻上书状告主父偃，说他收受贿赂。这几桩事情凑到了一块儿，竟都和主父偃有关，汉武帝大怒，即刻下令把主父偃给抓了起来。

赵王刘彭祖是怎么回事？怎么突然之间要和主父偃过不去呢？

之前我们说过，主父偃在不得志的时期，离开齐国之后，曾在燕国和赵国一带寻找机会，但都屡屡碰壁。由于他气量狭小，睚眦必报，所以人们普遍认为，他揭露燕王的丑事，就是为了报复当年燕王没有给他机会。而后来，齐厉王拒婚，他又搅了趟浑水，把厉王给告了，最后还直接把齐国给“逼”没了。这赵王怎么能不害怕呢？当初自己也没重用他，他报复完了燕王、齐王，那下一个不就到自己了吗？最让刘彭祖心虚的是，偏偏他的宫廷里也有肮脏事：他的太子和姐妹也有乱伦越轨行为。

所以，为了避免主父偃把枪口对准自己，赵王刘彭祖决定先下手为强。

人一到落难的时候，平日里积攒的人缘就起到大作用了。但可惜的是，主父偃这人实在太不会做人了，不仅不会做人，还擅长得罪人，满朝文武，就没有他得罪不起的。现在，他一朝沦为阶下囚，那些早已对他怀恨在心的大臣赶紧抓住机会落井下石，相继给皇帝提供他的犯罪证据。

主父偃这人品格不怎么样，做人不怎么样，但不得不说，真是特别有才华。汉武帝本意是不想杀主父偃的，虽然齐厉王之死与他脱不了干系，但对汉武帝来说，齐厉王死，齐国灭，这是件大好事。而谈到收受贿赂的问题，满朝文武谁能做到绝对一廉如水，但只要能帮朝廷做事，这些小小瑕疵，皇帝也就睁只眼闭只眼不再追究。

可就在刘彻犹豫之际，此时担任丞相之职的公孙弘站出来了，公孙弘说：“这齐王自杀了，没有后代，致使齐国被除名，归入了朝廷的统辖。造成这个结果的始作俑者，就是主父偃。陛下，你如果不杀主父偃，那怎么去跟天下人交代呢?”

公孙弘一席话断了主父偃的生机。除掉了齐国，对汉武帝来说是好事，对朝廷的统治来说也是好事，但这好事却不宜大张旗鼓地宣扬，不仅不能宣扬，还必须当坏事，当哀事来处理。汉武帝可以不在乎主父偃个人的罪责，但他必须在乎天下人的眼光，在乎天下人的言论。

最终，为了顾全大局，汉武帝下令，主父偃族灭。

据说在主父偃死后，生前投靠他的数千门客由于害怕主父偃之事牵连自己，而没有一人愿意给他收尸，最后是一个名叫孔车的人看不下去，站出来给主父偃料理了后事。刘彻对孔车大加赞赏，尊称他为“长者”，这或许是刘彻对主父偃这个曾经帮助他跨越过巨大政治难题的臣子，最后的一丝怜悯与关怀吧。

淮南王大案

主父偃的死同时为汉武帝解决了燕国和齐国两大诸侯国，让汉武帝加强中央集权的道路又迈进一大步。然而，到目前为止，“推恩”令实施后的影响实际上才刚刚开始发挥效用，一起千古大案正蓄势待发。

元朔五年（公元前 124 年），就在主父偃死后两年的时候，又一封针对诸侯王的告状信上呈到了汉武帝手中，这一次状告的主角是刘彻的叔叔辈、淮南王刘安。提起状告的，则是刘安手下的中郎官，也就是刘安的侍从雷被。

刘彻对这起状告十分重视，在推行“推恩”令之后，大多诸侯都接受了这一“优惠政策”，但依然有少数人没有接受“推恩”，淮南王刘安就是其中之一，因此，刘彻一直都非常关注这位淮南王的动向。

这次雷被状告淮南王的事情，严格说起来是比较严重的。当时，卫青赢得了漠南之战，振奋军心，让刘彻喜出望外，并决定趁热打铁，向全国征兵来扩充军备，于是下令说，全国上下，只要有意愿参军的人，都能直接到长安报名，地方政府不能以任何理由横加阻拦。但淮南王刘安却罔顾这一法令，对雷被横加阻拦，不让他去长安报名。这事情非常严重，相当于抗旨不遵，犯的是死罪。可淮南王不可能不明白这个道理，却又为何会阻拦雷被呢？这祸主要还是淮南王的太子惹出来的。

雷被在淮南名声很大，非常精于剑术，有“淮南第一剑客”的美誉，在淮南王刘安手下做中郎。淮南王的太子叫刘迁，非常喜好剑术，请了很多老师教导他，每次比剑，左右都让着刘迁，并且还对他大加赞赏，使得刘迁自信心膨胀得厉害，觉得自己简直就是天下无敌了。于是有一天，这刘迁就动了心思，想要挑战一下这个“淮南第一剑客”雷被。

雷被哪里敢和太子打啊，这太子的三脚猫功夫雷被再清楚不过了，要是自己赢了，肯定得罪太子，太子不高兴，自己的日子就难过。但雷被也不可能去输给太子，那岂不是太辱没自己的名声了吗，况且，自己的自尊也是决不允许这种事情发生的。

但雷被不管怎么回绝推辞，太子刘迁就是咬着他不放，甚至公然放话给雷被说:“你要是不肯和我比试，那就是看不起我!”话已经说到了这个份上，雷被实在退无可退，只好勉强应战。

在比试中，雷被处处退让，只想着让着点儿刘迁，好让他输得别太难看，这样兴许他能火气小点儿。可这刘迁却不是善茬儿，雷被越是退让，他就越是紧逼，拿出一副以命相搏的态度。结果，刀剑无眼，雷被一个不小心把刘迁给刺伤了，这回可真是把太子得罪惨了。为了躲避刘迁，雷被思前想后，决定干脆响应朝廷的号召，去长安报名当兵算了。

雷被想走，可刘迁怎么能让他走呢?那笔账还没算清楚呢!于是刘迁赶紧去找了父亲淮南王刘安，对雷被百般诬蔑，刘安相信了刘迁的谗言，不仅把雷被免了官，还公开下令，不准雷被离开淮南去长安。无奈之下，雷被这才一状告上了京城，和淮南王彻底撕破脸。

这刘安从辈分上来说是他的长辈，可他犯下的罪却又是死罪，一时之间，刘彻陷入了两难。但既然有人告状，那干脆就先查查吧。于是刘彻派了廷尉以及河南郡守一起去淮南国，调查这件事情。

刘安得到消息之后慌了，生怕皇帝一怒之下把太子给抓了，就和王后密谋，商量说这朝廷要是真的来抓太子，那淮南国就起兵造反。

汉朝时候，各个诸侯国的国相都是由朝廷直接委任的，用来作为朝廷与诸侯国之间的消息联通。按照当时的法令，既然有人状告，朝廷也要下令调查，那么当地的县丞就应该把涉案人抓捕归案。但淮南国都城寿春的县丞不敢违抗淮南王，一直没有捉拿太子刘迁。相国得知此事后非常生气，赶紧上书弹劾寿春县丞。淮南王得到消息后也非常生气，对国相威逼利诱未果后，干脆恶人先告状，随便找些罪名把相国给告了。这两件事情就这样凑到了一起，刘彻干脆将这两件事都合并起来，交给了廷尉进行调查。

廷尉到了寿春之后，表现得和颜悦色，对淮南王也十分恭敬，一句也没提要惩治刘迁的事情，只询问了一些关于雷被和国相的情况。见廷尉态度非常好，惴惴不安的淮南王才稍稍稳定了情绪，放下了心。

调查归来之后，廷尉把情况一说，朝臣们都认为，淮南王抗旨不遵，按律当斩。其实对于刘彻来说，荡平任何一个诸侯国，对于皇权的巩固和中央集权的加强都是有好处的。但对于叔叔辈的淮南王刘安，刘彻不得不慎重。于是，斟酌再三之后，刘彻以顾念叔侄情谊为由，决定对刘安小惩大诫，削去淮南国两个县。

刘彻的宽大处理让刘安倍感意外，暂时打消了叛乱的念头。但静下心来之后，刘安却又越想心里越不舒服，自己可是刘氏宗族中辈分最高的，那皇帝也得叫自己一声叔叔。可现在，因为这么一点儿小事，刘彻居然削了他淮南国两个县，这实在太过分了！

刘安这一认知是非常没有道理的，据历史记载，刘安是个博学又非常孝顺的人，平时就喜欢弹弹琴读读书，像什么骑马游猎之类的事情反而不感兴趣。这样一个人从性格上来说，应该比较温和明理的，但对于此事，刘安却显得十分偏激，这背后实际上另有隐情。

刘安的父亲淮厉王刘长是高祖刘邦与赵姬所生的儿子，而赵姬则是当时的赵王张敖的美人。张敖是刘邦的女婿，娶了鲁元公主为后。当年，刘邦因与匈奴开战被围困白登城，险些丧命，脱险之后便从平城赶回京城。途中路经赵国，张敖赶紧出来迎接，毕恭毕敬地款待刘邦。但刘邦不仅不感谢自己的女婿，反而对他呼呼喝喝，引起了赵国群臣不满，赵国的大臣们就想在半夜偷偷把刘邦给杀了。张敖知道后非常愤怒，赶紧制止了他们。

第二年，刘邦征讨反叛的诸侯国，回京途中又路过赵国，张敖又一次恭恭敬敬地款待了他，这次还将自己的美人赵姬献给刘邦侍寝，就是那一夜，让赵姬怀上了刘长。

当天晚上，赵国国相贯高等人又决定谋杀刘邦，并瞒着张敖事先在刘邦睡觉的地方埋伏了刺客。那夜说来也奇怪，刘邦总觉得心里不舒服，好像会发生什么事情，后来找人一打听，得知他住的这个地方名叫“柏人”，“柏人”的谐音不就是迫人吗！多不吉利的名字啊，刘邦左思右想，这地方不能留，于是连夜就离开了，幸运地逃过一劫。

后来，贯高等人试图谋杀刘邦的计划曝光，刘邦非常愤怒，下令将赵王张敖等人尽数押解上京，至于赵王的家眷，则暂时就地关押，而被关押的人中，就有已经怀孕的赵姬。赵姬赶紧把自己的事情上报给了看守，试图向刘邦求救，但这个时候，刘邦正怒气冲天，哪有心思再去管赵姬的事情。无奈之下，赵姬只能托人去向吕后求助。这吕后怎么可能帮赵姬呢？不落井下石已经不错了。

刘邦的无情让赵姬伤透了心，在产下刘长之后，就羞愤自杀了。守卫将尚在襁褓中的刘长送去了长安，当时张敖的事件也已经过了一段时间，刘邦对此事也不再这么愤怒了，见到幼小的刘长，不免心中对赵姬生出些许愧疚之情。之后，刘邦把刘长交给了吕后抚养。在刘邦死后，吕后开始迫害刘邦的妃子和皇子，刘长因为母亲早逝，又是吕后一手带大，得以逃过一劫。

刘长这个人性格十分傲慢，文帝即位之后，他仰仗着与文帝的兄弟情分，在自己的封地为所欲为，根本不理朝廷的管制。到后来，刘长甚至有意与闽越和匈奴等外族联合起兵，推翻文帝，自己去做皇帝。但刘长的“叛乱”实在显得可笑，大约在文帝前元六年（公元前 174 年）的时候，刘长领了七十多个人，驾着四十辆大车，准备与闽越和匈奴会和，然后一块叛乱。结果，这场规模甚小的叛乱还没来得及正式实施就东窗事发了，文帝顾念兄弟之情，不忍心斩杀刘长，便下令将他放逐到蜀郡，但娇生惯养的刘长还未抵达蜀郡，就因无法忍受折磨而绝食赴死了。

文帝对刘长的死感到很难过，两年后，刘长留下的四个儿子全部得以封侯，长子刘安则承袭其父爵位，成为了新的淮南王。

刘安非常孝顺，我们今天常常喝到的豆浆，据说就是他孝顺的产物。当时，刘安的母亲生病了，进食非常困难，为了保证母亲的营养，刘长就每天亲自把黄豆用水泡完之后再磨成浆喂母亲喝，这就是豆浆的由来。对于这么孝顺的刘安来说，父亲的死是永远不可能忘怀的，他对朝廷，从心底里就抱着一种难以消除的敌意。此外，刘安同样是黄老学说的尊奉者，推崇无为而治，这一点与汉武帝的政治思想是背道而驰的。在这些种种冲突的推动下，刘安不可能与朝廷和皇室一条心，一直没有果断行动发起谋反，主要还是因为其本身性格懦弱，做事容易瞻前顾后所致。

但雷被告御状的事情显然成为了刘安谋反的助推剂，虽然此次汉武帝对他的事情并未深究，但刘安心里却留下了不安的阴影，这块阴影日渐扩大，同时扩大的，还有一直埋藏在他心里，那蠢蠢欲动的谋反野心。

经过激烈的思想斗争后，刘安把自己最得力的谋士伍被叫来了，很直白地告诉他："我准备谋反了。"伍被一听，吓了一跳，这种时候怎么能谋反呢！伍被坚决反对，给刘安分析说，第一，大汉国富民强，老百姓安居乐业，你谋反，谁听你的，这就注定不会有民意支持；第二，淮南国和朝廷之间实力悬殊太大，当年七个诸侯国联手都没能成功，一个小小的淮南国凭什么成功。

伍被的分析非常中肯，但刘安不听，他还是想谋反。就在这个时候，又一封针对淮南国的告状信送到了刘彻手里，这次告的是淮南太子刘迁，而状告淮南太子刘迁的，则是刘安的亲孙子刘建。

刘建是淮南王刘安庶长子刘不害的儿子，太子刘迁的侄子。古人是非常注重嫡庶之分的，刘不害虽然是长子，但由于是庶出，所以没有资格继承太子之位。加上刘不害这个人非常窝囊，又没有什么才华，淮南王刘安一直都不喜欢他，而跋扈的刘迁更是经常欺辱他。

刘建与刘不害不同，是个有血性有才华的年轻人，他不愿意和父亲一样任人羞辱欺负。当朝廷颁布"推恩"令的时候，刘建以为自己的机会来了，只要父亲能封侯，拥有自己的地盘，他就可以大展拳脚，实现自己的抱负了。但没想到，早已埋藏祸心的淮南王刘安不接受"推恩"令，这一决定直接击碎了刘建的美梦。

虽然受到挫折，但刘建依然没有放弃，他开始暗地里结交能人贤士，扩大自己的势力。刘迁很快就发现了刘建的企图，叫人把他抓起来狠狠折磨了一番，刘建因此更恨刘迁了。因此在元朔六年的时候（公元前

123 年)，刘建受到雷被的启发，也将折子递上了朝廷。这刘建想法非常天真，他以为自己只要把太子刘迁告倒了，那这太子之位就是自己父亲的了，那他就是以后的淮南王。但他没想过，谋反是什么罪，那可是要抄家灭族的大罪！

刘安知道这件事后立马就慌了，连夜把伍被又找来了，说这回完了，骑虎难下，只能赶紧发动叛乱。伍被只好硬着头皮给刘安献了一条计策：首先，伪造汉武帝圣旨，让豪强去充实边地，逼得越紧越好，逼到他们走投无路的时候，必然会生反心；接着再伪造文件，说朝廷打算把诸侯王的太子和重要的大臣们抓起来做人质。这样一来，天下局势必然大乱，诸侯们也必然心生恐惧，只要这天下乱了，诸侯怕了，刘安起事就有希望了。

伍被这个计谋在当时来说算是最好的打算，但刘安不同意，刘安已经有自己的计划了。他打算伪造汉武帝和朝廷重臣的印信，然后安排刺客潜入丞相府和大将军府，一方面逼迫丞相公孙弘投降，另一方面刺杀大将军卫青，最后再把相国等人杀了，夺取兵权发动叛乱，或者可以考虑假传消息，说前方有战事来骗取兵权。根据当时的律法，诸侯国的兵权并不是掌握在诸侯王手中，而是由相国、内史以及中尉三人共同执掌的，每次出兵都要得到三人首肯。所以刘安如果想要控制诸侯国兵权，就必须杀死这三人。

伍被一听刘安这计谋，心就凉了大半，原本伍被就不想造反，如今淮南王刘安还这么一意孤行，非要施行完全没有可能成功的造反计划，这和自己去送死又有什么区别。于是伍被连夜逃走，去往京城长安向朝廷自首了，并把淮南王对他说的一切计划安排和盘托出。汉武帝当即下令，派出兵马包围了淮南国王宫，刘安见事情败露，已无回转之地，心灰意冷之下自刎而死，这起荒唐的谋反案件则胎死腹中。

在彻查淮南王事件的时候，刘彻的舅舅田蚡曾经与淮南王的交往事件也浮出水面，刘彻大怒，对外戚弄权之事越发深恶痛绝。

后院起火

就在淮南王谋反事件接近尾声的时候，衡山王家里也“后院起火”了，两道折子一前一后地递到了刘彻手里：衡山王的太子刘爽状告其弟刘孝有悖人伦，与衡山王的侍女通奸，并且私自制造武器，意图谋反；衡山王呢，则状告太子刘爽不孝顺，决定废长立幼。

衡山王刘赐是淮南王刘安的亲弟弟，刘长的第三个儿子。在文帝时期，刘赐原本的封号是庐江王，在七国叛乱的时候，刘赐虽然没有参与，但却一度和闽越关系亲密，文帝为了防止刘赐和闽越勾结，于是把刘赐的封地改去了北边，让他做了衡山王。

衡山王刘赐和淮南王刘安虽然是亲兄弟，但实际上两人关系不怎么样，几乎没有什么来往。刘赐这个人没有什么野心，当初刘安准备谋反的时候，刘赐也没想过参与，反倒一直暗中提防，生怕刘安把自己的封地给吞了。

刘赐手下有个名叫卫庆的谒者，据说通晓方术。汉武帝一直对方术这类东西很感兴趣，这卫庆知道以后，就想着去讨好汉武帝，让自己的政治生涯更上一层楼。结果刘赐知道了这件事，非常生气，把卫庆给抓了起来，严刑拷打，逼他认了个空穴来风的罪名，准备处死他。当时衡山国主管“民事案件”的内史是个很正直的人，不同意刘赐公然冤枉卫庆。刘赐一怒就随便找了个罪名，把这个内史上告了。这个内史也不服气，也把刘赐冤枉卫庆的事情上告朝廷了。当时，正好又有人上告刘赐，说他强占民田，损毁百姓墓地。刘彻就把这事和之前内史的事情合并起来处理了。最后，刘赐被剥夺了任命二百石以上官员的权力。

西汉开国的时候，诸侯王的权力比较大，国中除了国相和太傅是朝廷委任之外，其他官员诸侯王都能自己来指派。在七国之乱后，为了更好地控制诸侯国，政策有了一定改动，国中二千石以上的官员将由朝廷进行任免，诸侯王只能指派二千石以下的官员。

而现在，刘赐对官员的任免权直接被降到了二百石以下，这意味着但凡是朝中说得上话的重臣，他都没有权力任免了，这相当于是把刘赐的势力直接架空，由朝廷来控制衡山国。衡山王刘赐因此对朝廷怀恨在心。

元朔五年（公元前 124 年）的时候，衡山王在觐见天子途中去了一趟淮南国，和哥哥刘安进行了一番长谈，并与刘安重归于好，准备共同发起叛乱。但没想到的是，这谋反还没开始，淮南王家乱套了，衡山王家也乱套了。

刘赐的第一个王后名叫乘舒，给他生下两儿一女之后不久就去世了，这三个孩子分别是嫡长子刘爽，次子刘孝，还有小女儿刘无采。乘舒去世后，刘赐的宠妃徐来被立为新王后。当时和徐来一起争抢王后之位的，还有刘赐另一个宠姬厥姬。厥姬在抢夺后位失败后，对徐来恨之入骨，便暗地里告诉太子，乘舒之所以会死，是因为徐来对她施行了巫蛊之术。结果太子信以为真，在厥姬的挑唆下对徐来恨之入骨，并故意借酒装疯，用剑刺伤了徐来的哥哥，这样一来，徐来和太子刘爽之间结下了梁子。

刘无采是个非常刁蛮任性的公主，出嫁不久之后就因不守妇道被休了。回宫之后，刘无采不仅没有自我反省，行为反而更加放荡，常常和家中的仆人甚至是客人淫乱。刘爽对此非常愤怒，经常和刘无采发生冲突，两人甚至一度扬言要断绝兄妹关系。

徐来愤恨刘爽，见这兄妹三人关系不和，便故意拉拢刘无采和刘孝，让他们与刘爽作对。刘孝和刘无采自小就没了母亲，算是跟在徐来身边长大的，因此从感情上来说和徐来还算亲近，加上刘无采和刘爽关系一直不好，自然坚定不移地站在了继母一边。而刘孝呢，虽然与刘爽没有什么冲突，但作为次子的他，却指望借徐来之手，从刘爽手中把继承人的位子给抢过来。在各方利益冲突的推动下，刘孝、刘无采和徐来很快站到了同一阵线，并开始在刘赐面前共同诋毁刘爽，天长日久，刘赐对太子刘爽自然产生厌恶之情。

有一次，刘赐的佣人受了伤，在徐来的挑唆下，刘赐误以为是因为刘爽对自己有意见，故意报复自己的佣人，于是不分青红皂白就把刘爽给教训了，父子俩的关系降至冰点。

就在这件事情发生不久后，刘赐突然生病了，刘爽因为心中有怨而不肯前往照顾生病的刘赐。这样一来，徐来和刘孝兄妹抓住了刘爽的小辫子，趁机向刘赐进谗言，说这刘爽一听说刘赐病了，就欢天喜地的。刘赐一听，非常生气，当即就叫嚷着，要把刘爽的太子之位废了。

徐来自己是有儿子的，她和刘孝兄妹结盟，目的只是为了对付刘爽，而非真心扶植刘孝做太子，在徐来心中，太子的最佳人选当然还是自己的亲儿子。因此，在得知刘爽太子之位很快就要不保的时候，徐来立即把枪头对准了刘孝。

徐来有一个侍女，长相美艳，能歌善舞，深得刘赐喜欢。为了除去刘孝，徐来便暗地里授命这个侍女去勾引刘孝，以此来激怒衡山王刘赐。结果这事被刘爽知道了，刘爽非常愤怒，想要报复徐来，反复思量之后，竟想出一个昏招：通过强行与徐来发生不轨之事来威胁她。

结果，刘爽最终强奸未遂，还被徐来一状告到了父亲刘赐那里。眼见事情到了这个地步，刘爽也顾不得什么了，干脆直接把所有家里的丑事都向刘赐抖了出来，还声称要上京告御状，把家里的龌龊事都讲给天下人听。刘赐大怒，把刘爽给囚禁在了宫里。

刘爽倒台之后，刘孝成为了刘赐心目中继承人的人选，于是刘赐便把和刘安约定谋反的事情告诉了刘孝，并安排他招揽门客，负责偷偷铸造战车和武器。而刘赐则正式向汉武帝上书，状告太子刘爽不守孝道，决定废黜他的太子之位，改立次子刘孝为太子。这件事被刘爽知道了，气愤之余，想尽办法让自己的亲信也去向汉武帝告状，这才发生了令人哭笑不得的两纸诉讼状事件。

眼见事情暴露，刘孝心虚了，按照当时的律法规定，但凡是主动认罪并揭露共犯的人，都能免除刑罚。为了保全自己的性命，刘孝第一时间主动站了出来，向汉武帝刘彻自首，一五一十交代了衡山王刘赐谋反的所有细节。

最终，刘赐得知自己被儿子出卖后，心灰意冷，直接自杀了；刘爽因为有违孝道，也被处死了；刘孝虽然检举有功，赦免了谋反罪，但最终却因为和刘赐的侍女私通，有悖人伦而被处死；王后徐来则因巫蛊之罪同样被处死。

刘安和刘赐的事情才刚处理完，江都王刘建又站出来闹事了。这刘建是刘非的儿子，刘非是景帝刘启的儿子。刘建这个人非常荒唐，无恶不作，荒淫无度。他还是太子的时候，就和父亲刘非的多名妃子通奸，还经常干出些草菅人命的事情来。据说有一次，刘建领着一群侍从在雷陂一带游玩，突然狂风大作，暴雨骤降，刘建心血来潮，叫人找了一条小船，随手从身后拎出两个侍从，逼他们划小船去湖中央。最后，船翻了，两个侍从掉下了水，刘建就站在湖边上，一直看着两名侍从活活被淹死，他则哈哈大笑，一副幸灾乐祸的样子。

在淮南王刘安和衡山王刘赐的事情爆发后，刘建不仅没有收敛自己的做派，反而也起了谋反之心，暗地里仿造汉武帝和百官的印鉴，并偷偷制造武器，打算秘密联络其他诸侯王共同起事。结果到元狩二年（公元前 121 年）的时候，刘建的事情被人揭发了，刘建畏罪自杀，江都国也因此被废除，改为广陵郡。

三个诸侯王相继谋反，汉武帝兵不血刃便将他们的阴谋一一覆灭。在“推恩”令的影响下，随着各个诸侯王的相继失势破产，困扰西汉数十年的诸侯割据问题迎刃而解，刘彻也终于将外戚和诸侯手中分散出去的权力，一点一点重新收回到自己的掌控之中。

第五章

庞大的帝国

庞大的帝国就像是一部精密的机器，每一个组成部分都有各自的功用，只有当每个部分都正常工作，发挥自己的效用，这部机器才可能正常运转起来。作为这部庞大机器的管理者，汉武帝必须兼顾机器的每一个组成零件，及时对出现问题的零件进行修补或替换。而这些林林总总的零件，概括地说就是：吏治、军政、经济、人才。保证这四个基础“零件”按照预定轨道正确运行，就是汉武帝作为帝国管理者的最大职责。

名满天下的酷吏

为了维护皇权统治，实现君主专制，汉武帝国大肆任用酷吏。所谓酷吏，主要有两个特点：一是执法无情；二是追责严酷。酷吏的统治从客观上来说，对于帝国是有一定好处的，能够成为酷吏的官员往往都比较清廉，在政绩方面尤其突出，所针对的主要对象也是贵族豪强一派，对百姓反而倾向于宽厚仁德。

汉武帝一朝的酷吏从本质上来说就好像是汉武帝的枪头，汉武帝想要对付谁，酷吏的枪头就指向谁。尤其是那些与汉武帝有千丝万缕关系的王公贵胄，考虑到舆论压力、人情压力等，汉武帝不便自己出面，这些酷吏便主动担当汉武帝的代言人，首当其冲去处理。因此，在汉武帝一朝，酷吏往往能够在官场平步青云，成为汉武帝的心腹之臣。但酷吏们的结局历朝历代都是非常悲惨的，他们既是皇帝的枪，同时又必须担当皇帝的“替罪羊”，有时为了维护形象，或安抚群臣，酷吏往往可能成为巩固皇权的最终牺牲品。

太史公司马迁在《史记》中专门记载了汉武帝一朝非常有名的十大酷吏，他们分别为：宁成、周阳由、赵禹、张汤、义纵、王温舒、尹齐、杨仆、减宣和杜周。而这十大酷吏之中，最有名的当属张汤。

《史记》中记载过一件张汤小时候发生的事情，从此事看，这张汤简直就是天生做酷吏的料。事情是这样的，张汤很小的时候，他父亲是长安县丞，有一天，老鼠把家里的肉给偷吃了，父亲回来发现肉不见了，非常生气，以为是张汤偷吃的，就把他给打了一顿。张汤也没有辩解，而是在父亲揍完自己之后，去搜集老鼠的“犯罪”线索。他把老鼠洞挖开，捉拿到了偷吃肉的老鼠，还把那块没吃完的肉也拿了来，作为“呈堂证供”。做完一切准备之后，张汤就学着平日里看到的审案的样子，摆出个简易公堂，开始审理老鼠的罪责，最后还煞有介事地宣布了老鼠的罪状，当堂将他分尸处死。父亲一直在旁边看着，见到儿子如此完整的审案流程，感到十分惊奇，觉得这小子就是个当官的料，于是就开始培养他，让他自小学习断案文书等，张汤自此开始踏上刀笔小吏的道路。

后来，张汤得到田蚡的赏识，在田蚡举荐下从一个小吏升职成了御史。

陈皇后阿娇“巫蛊”案爆发的时候，负责审理这个案件的就是张汤，这件事成为了他获得汉武帝重用的一个契机。当时，张汤敏锐地察觉到了汉武帝的意图，对陈阿娇巫蛊案实施严查严办的政策，整个案件株连了三百多人。对于张汤办理此案的态度和速度，汉武帝非常欣赏，并升任他做了中大夫。从此之后，张汤正式成为汉武帝的心腹班底之一，并踏上了平步青云的康庄大道。

在刘彻的授意下，张汤与另一名酷吏赵禹合作，为汉朝制定过无数严酷的律法。比如“见知故纵”以及“监临部主”等罪状，都是出自此二人之口，由此二人共同拟定的。“见知故纵”的意思就是说，你知道有人犯法但却不举报，故意纵容犯罪，这是犯法的；而“监临部主”的意思则是说，作为上级，你如果没有及时监督纠正下级犯的错误，那也是犯法的，要承担连坐责任。

张汤这个人非常聪明，也非常奸诈，他知道刘彻弘扬儒学，于是每次判案的时候都要强扯上儒家的观点，而遇到特别疑难的案件，张汤则会先跟刘彻汇报一下，探探刘彻的口风，然后再下判决，因此，他每次处理的案件，结果几乎都能博得汉武帝的大加赞赏。而对于刘彻决定的事情，张汤也是从来不会去争辩或者反对的，而只要报上去的事情，刘彻说“不”，他就立刻低头认错。尤其是在处理刘彻亲自交代的案件时，张汤特别懂得察言观色，挖掘刘彻心里真正的意图，对于刘彻想要从轻发落的人，他就让那些执法公平，为人宽厚的官吏做主审，而对于那些刘彻想要严惩的人，则交给执法非常严酷的官吏。

张汤也是个非常在乎名声的人，为了让自己声名远播，得到百姓的支持与好评，在打击豪强地主方面，张汤可说是不遗余力。所以在很多时候，张汤处事往往更多考虑的是汉武帝刘彻的意愿，而非公正与否，但即便如此，他在民间也赢得了非常好的名声，很快就获得升迁，任御史大夫之职。据说有一次，刘彻甚至还亲自去探望过生病的张汤，可见刘彻当时对张汤非常器重。

对匈奴作战可以说是刘彻一生功业中最为骄傲的事情之一，在大汉多次挫败匈奴之后，匈奴单于曾派遣过使臣来朝见刘彻，并再次提出和亲的意愿。当时的丞相长史任敞认为，此前对匈奴的作战，几乎都获得了胜利，匈奴人今天如此急迫地来求亲，说明已经害怕大汉了，在这个时候，大汉就应该继续对匈奴施压，让他们臣服，心甘情愿做大汉朝的属国。刘彻同意了任敞的建议，并派遣他作为汉朝使臣前往匈奴，对单于施压。结果单于勃然大怒，把任敞直接扣下了。

当时，主张同意与匈奴和亲的一派中有个叫狄山的博士，狄山一直坚持认为，与匈奴讲和结束战争，对天下人来说都是一件好事，因此在任敞被扣留之后，这个狄山又提出来与匈奴讲和了。刘彻很不高兴，就问张汤说:“关于狄山的意见，你怎么看啊?”

张汤是非常了解刘彻的，一听这语气就知道，皇上不高兴了，于是赶紧说:“这个狄山就是个愚笨至极的儒生，他什么都不懂，不用听他的!”

狄山一听不高兴了，反驳道:“我是很愚笨，但我对皇上是忠心耿耿的，不像张汤，完全就是诈忠!”

这回刘彻就更不高兴了，面色一沉，问狄山说:“你说，如果朕给你掌管一个郡的权力，你能抵御匈奴的进犯吗?”

狄山一怔，自己只是个书生，从来没上过战场，哪里可能和彪悍的匈奴人作战啊，于是赶紧摇头说:“不能。”

刘彻又问说:“那要是一个县呢，行吗?”

狄山还是摇头说:“不能。”

刘彻又追问:“那一个要塞怎么样?”

见刘彻的脸色越来越难看，狄山也不敢再摇头了，只得赶鸭子上架，硬着头皮点了点头:“能。”

结果，刘彻当场就下了道圣旨，把这个狄山真的调去守要塞了。一个月不到，狄山就在边关被匈奴人所杀。百官大骇，从此谁也不敢再和张汤对着干。

张汤还曾发明过一项非常凶残而又荒唐的罪状，叫做“腹诽之罪”，第一个受害者就是大司农颜异。

颜异和张汤素来关系就不太好。有一次，刘彻跟张汤商量说，想向藩王列侯发行一种“白鹿皮币”。怎么发行呢？就是在藩王列侯来觐见天子的时候，规定他们必须先购买这个东西，然后用来作为进献天子的礼物的衬垫，表示对天子的尊敬。“白鹿皮币”价格非常昂贵，一张差不多要四十万钱上下，这说白了，实际上就是刘彻想从藩王列侯那里勒索钱财，用来充实国库。我们知道，战争是非常花钱的事情，刘彻自登基之后，单对付匈奴的战争，大大小小加起来少说也有数十起，开销自然庞大，久而久之，国库难免有些承受不住。于是，他思前想后，才想出了这么个法子来敛财。

大司农是掌管全国经济的，因此在这件事情上也比较有发言权，颜异在得知刘彻的意思之后，就直接表示了反对。颜异认为，一是这个“白鹿皮币”定价实在太高了，不符合它本身的价值；二就是个衬垫，根本没必要做得那么高档奢华，这样一来，这衬垫不是比礼物还贵重了吗。刘彻不高兴了，恰巧在这个时候，有人向张汤检举颜异，说他犯了法。张汤高兴坏了，赶紧把这事告诉了刘彻，刘彻随即就下令，把这件事情交给张汤来处理。

那么，颜异犯的是什么法呢？据说当时情况是这样的，颜异手下的一个门客，有一次在颜异面前对刘彻颁布的一条诏令发出了质疑，并且议论了两句。当时颜异没有说话，只是嘴唇微微地动了一下。于是，张汤就揪住了这一点，宣称:“这颜异是大司农，位列九卿，可他看到有问题的诏令，竟然不在朝堂上提醒陛下，反而在心里加以毁谤，这简直是对朝廷，对天子的大不敬！理应处死！”

最终，大司农颜异就这样，因为这莫名其妙的罪名身首异处，张汤在朝廷里的威慑力更加可怕了。

张汤“以死杀人”

除了任职时期的这些事情之外，张汤在历史上还有一件非常有名的事儿——“以死杀人”。

这件事发生在元鼎二年（公元前 115 年）的时候，当时担任丞相的是庄青翟。庄青翟手下有三位代理长史，分别是王朝、边通以及朱买臣，这三长史突然联名上书，向刘彻告发张汤，说他把朝廷的经济政策高价卖给民间大商人，让这些商人从中谋取利益。

那个时候，正是张汤如日中天之际，刘彻将信将疑地把张汤找来了，问他说:“有件事情朕想了很久，但还是没想明白。你说，为什么每次一颁布新的经济政策，很多商人却已经早早做好准备，囤积货粮，得以大赚一笔呢？难道他们能够预先知道朕的想法吗?”

刘彻突然这么问，张汤心中有些意外，但还是很快镇定了下来，顺着刘彻的话说道："陛下说的是，臣也觉得很奇怪，这一定是朝中有人提前把消息给透露出去了！"

此次试探，张汤表现得非常正常，刘彻虽然没有完全打消内心对张汤的怀疑，但实际上也没有调查张汤的打算。但凑巧的是，在这个时候，另一个酷吏减宣突然也向刘彻告发了张汤，说张汤与其亲信鲁谒居合谋，害死了御史李文。

面对接连而至的状告，刘彻有些坐不住了，盛怒之下派出了八批人，轮番审问张汤，让他将一切事情都交代清楚。

这次针对张汤的状告实在太多巧合，要知道事情的真相，就要从张汤与这些人之间的往来开始挖掘。我们先说张汤与三长史之间的情况。

三长史中最有名的一个是朱买臣。朱买臣出身贫寒，早年一直靠打柴为生。后来在同乡严助的举荐下做了中大夫。在东越地区多次发生动乱的时候，朱买臣向刘彻献策，安定了东越地区，从而得到刘彻赏识，成为会稽太守。大概一年之后，又因处理东越叛乱有功而升任主爵都尉，得以位列九卿。做了主爵都尉几年后，朱买臣因为触犯律法而被免去官职，之后才成为丞相长史。

当朱买臣在官场上平步青云的时候，张汤不过只是个名不见经传的小官，但没想到的是，短短数年之间，张汤竟一路高升，超越了朱买臣。尤其是在后来，当朱买臣遭遇免官，成为丞相府代理长史的时候，张汤已经位列九卿，升任为御史大夫了。面对两人不同的际遇，朱买臣心中难免有所不平。当然，比朱买臣官运亨通的大有人在，不只是张汤一个，只因为这点事情，朱买臣还不至于嫉恨张汤。

在朱买臣的官宦生涯中，有一个人对他帮助非常大，那就是举荐朱买臣做官的严助。而张汤在审理淮南王谋反案的时候，把严助给牵连进去了，并对其极尽打压，最后在刘彻首肯下，严助被处死，因此朱买臣对张汤埋下了仇恨的种子。加之平日里两人相遇，张汤都是一副高高在上的样子，对朱买臣肆意欺辱，由此引发了朱买臣对他更加深重的仇恨。

除了朱买臣之外的另外两个长史，一个是齐地人王朝，王朝因为通方术而得到刘彻青睐，曾官至右内史；另一个是研究纵横之术的边通，曾两次担任过诸侯国的国相。这两位长史的地位都曾比张汤高，但后来也都因为各自不同的原因被免职。

张汤这个人没什么品德，和主父偃一样，有点小人得志的味道。他知道这三位长史曾经都高居朝堂，非常尊贵，于是在他们落魄的时候，只要一有机会，就会想尽办法去羞辱他们，然后自己则洋洋得意。因此这三长史一直对张汤恨之入骨，盼着有机会把他抽筋剥皮。而这个机会来得很快。

有一天，文帝陵园里陪葬的钱币失窃了，发生这样的事情，与管辖此事有关的丞相庄青翟和御史大夫张汤都难辞其咎，两人凑在一起商量之后，决定主动向刘彻承认错误。但没想到的是，一见到刘彻，张汤就把庄青翟抛弃了，根本没有按照原本商量好的认罪套路走，而是一股脑将所有罪责都推到了庄青翟身上。庄青翟恼了，但最令人愤怒的是，刘彻竟还将这件事情交给了张汤负责去查办。

发生这件事之后，三长史也非常愤怒，于是趁机对庄青翟说："大人，张汤这个人实在太小人了，出尔反尔也就算了，这如今还想借此事陷害您，他这么做，肯定是想坐您的位子了。不过丞相放心，我们几个已经有了张汤的把柄，这次一定把他拉下台。”

三长史所说的“把柄”，正是怀疑张汤向商贾泄密的事情，但事实上那个时候，他们手中根本没有确凿的证据。于是，他们先秘密逮捕了张汤的几个商人朋友，准备强迫他们做“证人”，然后又赶紧到刘彻面前，把张汤给告了。

那么减宣状告张汤又是怎么回事呢？这要从被害者李文开始说起。

李文是河东人士，与张汤有过一些过节。在成为御史中丞之后，李文开始利用职权从官文中寻找张汤做过的不光彩的事情，然后大肆宣传，企图抹黑张汤，导致二人之间嫌隙更深。

当时，张汤手下有个亲信叫鲁谒，得知此事后就想给张汤出口气，于是暗地里找人给刘彻递了个匿名的折子，状告李文违法乱纪。一状告上去之后，李文案又很不幸地落入了张汤手中，于是张汤干脆借机把李文给除掉了。

这件事情来得实在诡异，刘彻还曾召见过张汤，问他说：“你认为这状告李文的人，到底是怎么知道李文做的事情的？”当时张汤一副惊讶的样子，对刘彻解释说：“陛下您不知道啊？这告发李文的，是他的旧相识，所以才能知道他做的那些龌龊事。”

刘彻的怀疑让张汤非常慌乱，日夜担忧事情暴露出去，祸及自己。就在这个时候，鲁谒突然生病了，为了堵住鲁谒的嘴，张汤亲自去鲁谒家中拜访，甚至还主动给他做足疗，借以收买人心。结果这件事情被赵王刘彭祖知道了，而刘彭祖和张汤过节很深，元狩四年（公元前 119 年）的时候，为了充实国库，刘彻曾下令要把盐铁事务的经营权收回中央。当时赵王刘彭祖非常不高兴，反对得尤其激烈，而张汤则为了讨刘彻欢心，开始不遗余力地在朝堂上对刘彭祖加以打击，二人因此结下了仇怨。自此，刘彭祖就一直盯着张汤，就等着抓他的“小辫子”。

在得知张汤亲自为鲁谒做足疗的事情后，刘彭祖高兴坏了，这领导这么屈尊降贵给下属做这样的事情，说明什么？显然做了亏心事啊！于是把这件事情上报给了朝廷，由于这件事确实挺反常的，于是朝廷就把这件事交给酷吏减宣去查了。但当时，鲁谒病死了，减宣没办法，只好把鲁谒的弟弟抓了起来。张汤急了，想去搭救鲁谒的弟弟，但为了不惹人怀疑，表明上又不能过度关心。这样一来，轮到鲁谒的弟弟急了，他以为张汤为了自保要牺牲自己，于是干脆上书自首，将张汤和鲁谒合谋害死张文的事情告诉了减宣，于是减宣这才告诉了汉武帝。

可见，三长史状告张汤，主要源于私怨，所告之事也不见得确实。但减宣上告张汤，则是基于事实，两件事情之间也不见得有什么联系，事有凑巧，时间上都凑到了一块儿，这才让张汤一夕之间沦为阶下囚。

张汤本身也是酷吏，对于审案技巧掌握得十分透彻，因此虽然刘彻派了八批人轮番对他进行审讯，但他却始终没有松口承认自己的罪责。直到酷吏赵禹主审的时候，赵禹意味深长地对张汤说了这么一番话：“你怎么那么不懂事呢？多少人因为你惨遭灭族你不知道吗？今天状告你的人，都是有真凭实据的。再说了，皇上都把你放到这牢狱之中了，你还不明白皇上的意思吗？又何必死鸭子嘴硬呢？”

我们说过，张汤是酷吏之中最为出色的一员，他的出色重点就体现在悟性高，一听赵禹的话，张汤顿时就明白了，这皇上这回不惯着自己，那是已经打算把自己除掉了啊！正所谓君要臣死，臣不得不死！顿时间，一直支撑张汤的信念崩塌了，张汤痛哭流涕，给刘彻写了一封绝命书，大概内容分为三个部分：一是感谢皇上看重、提拔自己；二是辜负了皇上期望，深感懊悔；三是强调，三长史对自己的状告是诬告。信一写完，张汤就在牢里自杀了。

张汤死了以后，刘彻派人去他家里进行查处，结果惊讶地发现，位居庙堂之高的张汤，全部身家加起来居然连五百金都不到，他的财产完完全全只来自于朝廷的俸禄和刘彻给的赏赐。张汤的亲属领回张汤的尸体之后本想厚葬他，却遭到了张母的反对，张母说："张汤遭到诬告而惨死牢狱，何必厚葬？"

于是，张家用一副普通的棺木将张汤装殓之后，用牛车拉去野外草草下葬了。

刘彻知道这些事情后深感动容，想起张汤临终前留下的绝命书，对三长史产生了怀疑，于是再次令人深入调查此案。最终，三长史在张汤死后不久，因诬告忠良之罪，全部被处死，丞相庄青翟也被捕下狱，没多久就自杀了。

这就是历史上有名的张汤"以死杀人"事件。从张汤的经历，我们可以看到，汉武帝一朝，酷吏就是刘彻用来维护君主专制绝对权威的武器。酷吏既是皇帝的心腹，同时也随时都可能成为维护皇权的"牺牲品"。张汤的自杀，不是因为自己确实犯下的罪行，而是因为赵禹的那一番话摧毁了他的求生意志，他以为自己已经走到头了，以为刘彻已经决定将他推上祭坛了，因此，他慨然赴死。可见，或许从踏上酷吏这条路的那一天开始，就已经预示了的悲剧。

军制改革

在政治方面，刘彻任用酷吏，整顿吏治，实现中央集权，而做这一切的最终目的，就是要实现“大一统”的政治理想。要实现这一政治理想，开疆拓土，发动战争就是不可避免的。因此，刘彻需要一支无坚不摧的大汉军队，需要一支牢牢掌控在他手中的集权军队。

汉朝时期，全国的兵权都是由政府来掌管的，军衔等级最高的官员是太尉。高祖刘邦统治的时候，担任太尉的是卢绾和周勃。到惠帝时期，依然是周勃继续担任太尉之职。到文帝一朝，周勃为丞相，灌婴接替了太尉之职。到景帝即位之后，周勃的儿子周亚夫成为太尉，并成功平定了吴楚七国之乱。

太尉这个职务，实际上相当于是丞相的左右手，主要负责管理全国的军政。在没有战事的时候，兵权实际上还是交由丞相府掌管，只有到要打仗的时候，丞相才会将兵权交到太尉手中，由太尉进行安排。至于皇帝，则并没有对军队的直接统领权。

到汉武帝一朝的时候，对于这种传统的军事制度，刘彻非常不满意，他是一个喜欢大兴武功的皇帝，在内政方面，他积极实现中央集权，为的就是把这个天下牢牢抓在自己手里，巩固天子以及皇权的绝对权威。因此，在军事方面，他也必须实现中央集权，只有把军队牢牢控制在自己手里，天子也才可能具备实实在在的话语权。因此，汉武帝一朝时期，很多武将在平时都没有固定的将军称谓，只有在行军作战的时候，刘彻才会封给领兵出战的将领固定官职，比如骠骑将军、前将军、后将军、左将军、右将军、车将军……。

元狩四年（公元前 119 年）时，刘彻对军制进行了进一步的改革，明确了军衔官职的地位。比如，初次设置了大司马这个官职。大司马相当于大将军，但却没有印绶官属，平时是没有行政权力的。而领兵打仗的将军，一般来说，刘彻都会加授其内朝官职，这样一来，但凡是能领兵打仗的，几乎都成为了皇帝的内臣，与外政分离开来，这相当于将军事控制权从丞相的统治系统中分离了出来，收归到了皇帝手中，实现军事方面的集权统治。

在裁夺丞相兵权的同时，刘彻还进一步增添了军事机构，对军队进行一定扩充。在秦朝时期，军队机构主要由政府系统和宫廷系统两个部分组成，政府系统负责的，是国土安全，比如发生战争就应该由中央系统的军队进行作战；而宫廷系统主要负责的，是保卫皇帝和皇宫的安全。

宫廷系统相当于是皇帝的禁卫军，因此，在进行军制改革的时候，刘彻首先从宫廷系统着手。宫廷禁卫军分为两个部分：一是南军，由距离皇帝比较远的外层军事机构组成，主要由卫尉统领，负责宫门以及官庙陵园等外层地区的防卫安全工作。二是内层，也就是经常跟在皇帝身边的常备军，专职负责保护皇帝安全，听从皇帝调遣，相当于是皇帝的侍卫队，职责比南军重要得多。

内层军队的组成人员被称为“郎”，南军的组成人员则被称为“卫士”。“郎”相当于是皇帝的保镖，和皇帝的关系要比卫士与皇帝的关系亲密得多，因此从地位上来说，郎是高于卫士的。卫士相当于一般的兵卒，但郎则拥有自己的官位和俸禄。

郎的人员数目在汉武帝时期已经扩充到了千人之多，但是刘彻并没有感到满足，他又相继增设了一些高级侍卫队，比如期门、羽林以及羽林孤儿等。

期门的地位和郎差不多，是随从皇帝进出的护卫禁军，负责统辖期门的官员称期门仆射，俸禄超过千石。

羽林是太初元年（公元前104年）才增设的，羽林最初被称为“建章营骑”，主要是负责建章宫的警卫工作，后来才改名为羽林，意思就是“为国羽翼，如林之盛”。

羽林孤儿的组成人员主要是那些在战场上牺牲的将士的子孙，这些孩子因为失去至亲而成为孤儿，刘彻将他们收养于羽林，并派遣专门的老师教导他们、训练他们，这个部队就被称为羽林孤儿，属于国家未来的“预备役”。

能够进入宫廷系统，成为皇帝身边护卫的人其背景出身要求都是非常严格的，尤其是郎官。郎是离皇帝最近的人，也是最有机会影响皇帝重大决策的人，因此，郎的出身必须是优秀良将之才。期门、羽林比起郎来说，要求稍微低一等，但也必须是三辅六郡的良家子弟，所谓良家子弟，就是指那些没有犯罪背景，没有市籍、奴籍等的身家清白的自由民。

此外，刘彻还增设了奉车都尉一职，专门负责掌管皇家的车辆。这些改革实际上都是增强中央集权的一种表现。

改革完宫廷系统的军事机构后，刘彻开始着手对政府系统的军事机构发起改革和扩建。

政府军按照兵种来分，有材官、骑士和楼船等部分。材官实际上就是步兵，大多设置在高原山地地区，比如三河、颍川、沛郡、淮阳、汝南以及巴蜀等地；骑兵指的是轻车骑士，平原地区比较多，大约分布在金城、陇西、天水、北地、安定、上党、河东以及上郡等地；楼船指的自然就是水军，主要屯驻于江淮一带。

按照驻地划分，则包括中央军、地方军和边防军三部分。中央军顾名思义，自然是负责驻守京师及三辅地区的部队；地方军则主要负责守卫全国郡县；边防军又被称为屯田兵，是驻守边疆的军队。

政府军的规模是非常庞大的，要让如此庞大规模的军队进一步扩建，人源供给是一个非常重要且难以解决的问题，为了解决这一问题，刘彻对兵役制度也进行了改革，除了实行汉初的征兵制和民兵制之外，又独创了一种募兵制。

汉初的时候，按照征兵制规定，服兵役的年龄是 23 岁开始，后来在景帝时期又改成了20岁开始。在全民范围内来说，基本的兵役是两年，一年为京师卫士，一年为材官、骑士或者楼船。两年兵役服满之后，则每年要开始服短兵役，一直到56岁之后，才完全解除兵役。如果不想服兵役，则可以出钱雇佣别人替自己服兵役，但这个数目是非常庞大的，每月大约要支付二千石左右，因此，除了非常有钱的人不想服役的人之外，大部分平民只能选择服役。

在边塞地区，刘彻主要推行的是兵农合一的民兵制。这项制度始于文帝时期，当时大臣晁错向文帝建议，用种种的优惠政策，吸引百姓迁往边疆地区，让他们在那里屯田、建房等，天下太平的时候就安居乐业，好好过日子，如果遇上战事，则充当戍守边疆的军队。这些在边塞安居的百姓都按照军事编制进行编排，朝廷也会委派专门的长官对其进行战斗应敌的训练。

刘彻独创的募兵制实际上就是向天下公开招募勇士入伍，关于应募和选募的对象，主要分为两大类：一是贱民；二是强悍之民。这两类人是典型的职业兵种，与普通服兵役的百姓有根本上的不同。这两类人一旦应募入伍，往往会将行军打仗当成一种毕生的职业。因此，他们对国家，对朝廷具有非常强的依附性和忠诚性。

在一系列的军事改革之后，刘彻将皇权与军权合二为一，皇权的专制让刘彻成为了全国军政方面的实际首领。在内，他掌握着精锐的宫廷禁卫军；在外，他建设了庞大的军事集团，即便身在帷幄之中，也可覆手千里之外，一个文治武功的强大帝国就此应运而生。

桑弘羊打响金算盘

军政的改革让汉武帝国拥有了更加强悍的精锐之师，但要支持这个庞大的军事集团正常运转，刘彻不得不考虑一个非常实际的问题——经济收入。

元狩三年（公元前 120 年），汉军与匈奴的对战进入了一个高潮期，而战争所造成的经济损耗也多得难以计算，财政的空虚与困顿逐渐显露出来。然而就在这个时候，崤山以东却突然发生严重水祸，导致饿殍遍野，民不聊生。刘彻当即下令全国各地开仓赈灾，然而此时国家的存粮已经无法解决庞大灾民的吃饭问题了。无奈之下，刘彻只得向豪强富户甚至生活比较宽裕的百姓借粮赈灾，但这些举措依然无法应付滔滔不绝的灾民。最终，刘彻只得将七十万灾民全部迁徙到函谷关以西，帮助他们重建家园。数年里，这一举措花费的钱粮数以亿计。

赈灾与战争，让刘彻意识到了一直以来都被忽略的经济问题。元狩四年（公元前 119 年），财政官向刘彻奏报，称："如今国库日渐空虚，但民间的商人们却通过盐铁事务赚得钵满瓢满，关键时刻，这些人却甚至不肯拿出一分钱来帮助朝廷。臣肯请陛下重新铸造钱币，来打击这些奸诈狡猾的商户！”

为了充盈国库，刘彻首肯了财政官的奏请，利用银和锡铸造了三种新的白金币，大币呈圆形，雕刻着龙的图案，一枚价值三百钱。接着刘彻又下令废除了半两钱，改为铸造三铢钱，同时规定，但凡私自铸造钱币的人，一律问斩。但这一举措并没有从根本上整顿货币市场，无论是官吏还是民众，在利益的驱使之下，即便冒着生命危险，私自铸造钱币的人也依然络绎不绝。

此外，为了大肆敛财，刘彻还把主意打在了那些藩王列侯身上，强行推出了白鹿皮币，也就是此前我们说过，大司农颜异非常反对的那个昂贵的皮币。

为了进一步增加财政收入，财政官向刘彻推荐了两个非常有名的大商人，一个是山东大盐商东郭咸阳，另一个是南阳大冶铁商孔仅，财政官向刘彻建议，起用他们来负责帮助朝廷经营盐铁事务，以此获取利益。刘彻同意了财政官的建议，并于同年正式下诏，将盐铁事务的经营权全部收归朝廷所有。东郭咸阳和孔仅也被任命为大农丞。

大约在同一时期，获得刘彻重用的，还有一个非常重要的经济天才，名叫桑弘羊。

桑弘羊出生在洛阳一个富商家庭，从小就展露出优秀的计算天赋，十三岁的时候，家里投资钱财，给他买了一个做皇帝侍中的机会。侍中属于一种加官，不是独立的官职，不管你是列侯将军还是太医郎中，都能加官做侍中，跟在皇帝身边。这样有一个最大的好处，就是比较有机会给皇帝留下印象，获得皇帝赏识重用也就指日可待了。

刘彻除了志向在开疆拓土建功立业方面之外，个人的兴趣爱好也是很广泛的，比如骑射打猎、音乐辞赋等。但无论哪方面，都和桑弘羊擅长的事情沾不着边，所以，桑弘羊整整在刘彻身边做了二十六年的侍中，也还是没有引起刘彻的注意，得到重用。

但这个时候，国库空虚、财政困顿，刘彻终于意识到了钱对于国家的重要性，也终于意识到了经济才是国之根本，国之支柱，也因此刘彻终于想起了跟在自己身边二十多年的侍中桑弘羊，那个精于计算的天才。于是，在起用东郭咸阳和孔仅的同时，刘彻让桑弘羊做了他们的助手。

盐铁自古以来就是非常重要的民生问题，掌握了盐铁的生产和流通，就意味着掌握了国家的经济命脉。桑弘羊和东郭咸阳等人用了长达一年的时间，才终于完成了盐铁官营的计划。为了切实将此计划投入实施，刘彻将孔仅和东郭咸阳派遣到全国各地进行考察，并在朝中专门设立掌管盐铁官营的部门，在各地挑选曾经做过这方面生意的商人到此机构中任职。

桑弘羊等人所拟定的这一计划很快就取得了令人瞩目的成效，因此，在盐铁官营投入实施仅三年，孔仅就升任成为了大农令，即掌管国家财政的最高行政长官。而桑弘羊也被提拔成为大农丞，相当于是大农令的“秘书”。

在担任大农丞之后，桑弘羊做的第一件大事就是在全国推广算缗与告缗制度。所谓算缗，就是让从事工商业的人主动向朝廷呈报自己的财产，朝廷则根据该商人财产的多少，从中抽取一定的税款。税款标准是二缗抽一算，一缗等于一千钱，一算等于二百文钱。对于小工商业者，朝廷将给予一定优惠，将其税费减半。此外，除了官吏和士兵以外，家里有马车的人，则要向朝廷缴纳“马车税”，一辆车抽一算。如果马车的用途是运送货物等牟利方式，则抽取两算税。百姓私家拥有船只的，也要根据其船只大小进行抽税，标准为五丈以上的，抽取一算税。告缗是针对不诚实执行算缗的人拟定的一种检举方式，实际上就是鼓励群众相互检举，并告发那些不如实上报财产数目的人，如果告发属实，那么被告者的财产将全部充公，且被告者必须戍边一年，对检举告发的人，朝廷则将把被告者的一半财产作为奖励赠与他。

算缗和告缗推行开后，很多中大型工商业者都遭到了告发，一时之间，政府财政以惊人的速度持续上涨，数以亿计的财物和成千上万的奴婢被充入国家财政。许多没有诚实执行算缗的工商业者都遭遇了破产，相应的，大汉朝的国库也从虚空状态日渐充盈起来。

此前，刘彻曾在财政官建议下发起过一场货币改革，但可惜没有取得什么效果。货币是国家经济中十分重要的一个硬件条件，在汉朝初年，由于朝廷允许诸侯国私自铸钱，导致国家经济一片混乱，物价上涨，钱币贬值，商品流通也受到了严重阻碍。此外，很多贵族官僚和富商大贾也都纷纷利用职权操纵造币，直接威胁到了朝廷的经济收入。

为了解决混乱的货币问题，桑弘羊于元鼎四年（公元前 113 年）向刘彻提交了一份系统完整的货币改革建议。这份改革建议主要有三个重点：

第一，将货币铸造权收归朝廷所有，禁止诸侯国私下制造钱币。钱币的材料、样式等均由中央做硬性指定，鼓铸、刻范以及原料挑选等工作，也将统一交给朝廷负责铸造方面的专门官员监督负责；第二，把所有诸侯国或个人铸造的钱币销毁，并将销毁后的材料铜全部送往中央；第三，废除过去一切流通钱币，并规定，朝廷所铸造的五铢钱为全国唯一流通货币。

桑弘羊提出的建议非常具有针对性，从货币混乱的根本原因着手，取得了非常大的成功。人们之所以会私自铸造货币，是因为做这件事情有利可图，一旦做这件事情变得无利可图，或者能够获得的利益非常小，必然不会再有人前仆后继地冒着生命危险来做这件事。因此，桑弘羊的建议，一方面将全国的铜都集中到了中央，从铸造货币所需的资源方面进行了垄断；另一方面让朝廷专门的官员负责铸币，这就使得铸币技术有了一个质的飞跃，工序也变得更为复杂，由于铸币统一由朝廷负责，其重量、纹饰等各个方面都得到了统一。这两方面的因素使得钱币铸造的成本大大提高，铸造困难也大幅度加剧，如此一来，盗铸货币变成了一件相当困难的事，而且市场成本也变得非常高，同时还可能因事情败露而被问罪斩首，种种因素加在一起，盗铸货币就变得得不偿失了，自然也就不会再有人前仆后继地去做。

桑弘羊这一举措在中国历史上造成的影响是非常大的，不仅从根本上稳定了货币在市场上的流通状况，也从经济方面巩固了大汉王朝的统治。

盐铁官营的问题原本一直是由孔仅和东郭咸阳主持的，最初也颇见成效。但渐渐的，却浮现出一些弊端。

在任命盐铁地方官的时候，为了寻找熟悉业务，能够最大限度扩大生意、获取利益的人，东郭咸阳和孔仅便选择了那些曾经在地方上经营盐铁生意的商人来做官。但他们却没想到，这些商人都非常奸诈，常常利用职权营私舞弊，从中大肆谋取个人利益。长此以往，官营的盐铁品质都非常下乘，但售价却又定得非常高，很多地方甚至出现了官员逼迫百姓强买强卖的现象。结果，盐铁官营事业的名声越来越臭，百姓也都纷纷发起抗议。刘彻得知此事后非常生气，一怒之下罢免了孔仅和东郭咸阳。

该处罚的已经罚了，但总还是要想办法把盐铁官营事业拉回正轨，思来想去之后，刘彻又想起了桑弘羊，于是立即下令，任命桑弘羊为大司农，全力补救盐铁官营事业。

桑弘羊上任之后，对情况进行了一个全面的了解，并迅速找到了问题根源。随即，桑弘羊选派了数十名大农丞，将这些人遣往各个郡国，增设为负责质量监督的盐铁官。针对盐铁不同的生产情况，桑弘羊对盐铁生产销售的模式也进行了一大改革。铁的生产技术要求比较高，并且成本规模非常大，因此，桑弘羊将铁业的生产以及销售全部都收回到中央，由朝廷进行统一控制。相比铁来说，盐的生产要求就比较低，因此，桑弘羊将盐的生产基地直接设在地方，并委派专门的盐官对其质量和生产情况进行监督。为了防止地方提高售价，从中牟利，桑弘羊决定，在盐生产完毕之后，将由中央全部回收，然后再进行统一售卖，以此来稳定市场价格。

为了遏制商人牟取暴利，增加政府财政收入，桑弘羊还在全国推行了均输法和平准法。所谓均输法，指的就是把各个郡国每年要上交给朝廷的贡品按照当地市价折合出一个数目，然后再将这个数目折算成为当地出产的一些特产，然后再由均输官将这些特产运送到缺乏这些种类产品的地方进行售卖，得到的钱数则上交国库。这个方式一方面减少了百姓的负担，另一方面则增加了朝廷的收入，此外还卓有成效地稳定了某些特定产品在市场上的价格，从一定程度上遏制了商人牟取暴利的行为。

所谓平准，是桑弘羊在京城设立的一个机构，主要负责稳定市场物价。平准官的职责就是了解各地货物输送进京的情况，然后进行一个宏观调控，掌控货物投入市场的数量，以稳定市场供需关系。有了这一机构，不仅从根本上解决了多余货物出售的问题，还大幅度地节约了政府部门在采购方面花费的钱财。

桑弘羊的“金算盘”打响了汉武帝国的繁荣昌盛，为刘彻解决了一直困扰他的经济问题，同时也最大限度地减轻了百姓的负担，稳定了市场贸易情况。

在桑弘羊负责管理国家财政问题的期间，民间还出过一个“报效祖国”的楷模——卜式。

这个卜式是河南郡的一个牧羊人，依靠牧羊发家致富，算是小有积蓄，日子过得也还不错。在听说刘彻因为抗击匈奴，导致国家财政匮乏，国库空虚的时候，卜式数次给朝廷上书，主动表示要捐出自己一半的家产来支援国家。刘彻感到非常奇怪，当时，他想尽办法才能稍微从那些巨贾富商、藩王列侯手里抠出点钱，怎么也没想到，居然还会有人主动站出来，说要给朝廷捐钱的。于是刘彻就派了个使者去见卜式，问他说：“你这么做是不是想做个官啊？”卜式一听，赶紧摇头：“我不想做官，也不会做官，我从小就只会放羊。”使者又问说：“那你是不是有冤情要申诉？”卜式回答说：“我待人向来和善，经常接济贫苦的同乡，教育那些作恶的人，无论走到哪里，人们都很尊重我，没有人和我结仇，我自然也没有什么冤情可申述的。”使者这回更不明白了：“那你到底想要什么啊？”卜式义正言辞地说道：“皇上要讨伐匈奴，作为臣民，当然应该有钱出钱，有力出力了。如果这全天下的人都能一条心，付出自己的钱财和能力，那么攻灭匈奴的事业离成功也就不远了！”

刘彻得知卜式这番话后非常动容，怎么也没想到，这乡野之间竟然有如此贤能的人存在，于是立即下诏把卜式召进了京城，封他做了中郎，并昭告天下，将卜式树立成为一个“楷模”般的人物。不久之后，刘彻又再次提拔卜式，让他做了齐国太傅。

朝堂上的另类奇才

刘彻是个非常爱惜人才的人，也是历史上有名的“求贤若渴”的皇帝。从登基开始，刘彻就一直热衷于“选秀”，当然，刘彻选的不是美女，而是贤臣。在武帝的朝堂之上，有开疆辟土的卫青，有克敌制胜的霍去病，有正直敢言的汲黯，有严峻执法的张汤。除此之外，还有一个非常特别，留下了非常多传说和故事的另类奇才，这个人名叫东方朔。

东方朔非常有名，但却又非常没名，他在历史上留下了很多的传说和故事，也是今天很多小说以及影视作品重点着墨的对象，但在汉武帝国的历史上，他却又仿佛无足轻重，他似乎满腹经纶，但却不是安邦定国的贤臣，他如同跳梁小丑，但却又嫉恶如仇。他确是奇才，也确实另类，在汉武帝刘彻的朝堂之上，他又到底扮演的是什么样的角色呢？

东方朔来到刘彻身边的时间很早，就是刘彻登基之后，迫不及待发起第一次全国“选秀”的那一年。在那场“选秀”中，刘彻得到了《天人三策》的董仲舒，同时也得到了神经兮兮的东方朔。

东方朔引起刘彻的注意，是从他参与“选秀”所用的第一篇文章开始的。他的文章不谈国事，不谈政治，只做了一件事情，就是极尽所能地吹捧自己，但就是这种厚脸皮“海吹”的方式，给当朝天子留下了深刻的印象。东方朔是怎么吹的呢——

“草民东方朔，爹妈死得早，兄嫂抚养大。十二岁博览群书，三个冬天读的文史这辈子够用了。十五岁学剑，十六岁读《诗》《书》，共读二十二万字。十九岁研究兵法，同样是二十二万字。现在我年方二十二，身高九尺三。眼睛如同珍珠般明亮，牙齿像贝壳般闪耀光辉，像孟贲一般勇猛，如庆忌一般敏捷，怀鲍叔之廉洁，具尾生之诚信。我文武双全，才貌兼备，足够条件做天子的大臣了吧！”

就是这番厚脸皮的“海吹”，直接把东方朔“吹”到了刘彻身边。

虽然刘彻对这个另类的家伙很感兴趣，但他并没有忘记自己广招贤才的初衷，因此，刘彻最终只给东方朔发了个待诏公车署，之后就再没有后文了。公车署是朝廷的一个衙门机构，所谓待诏公车署，意思就是说，让你在公车署这个衙门里等着，皇帝想见你的时候会召见你。

东方朔一开始对于自己能够取得待诏公车署的成绩已经很兴奋了，但日子一长，他发现，刘彻根本没意思召见他，而和他同期的那些人呢，一个个都已经当官了。东方朔很不高兴，决定要做点事情，在刘彻面前表表“存在感”。

东方朔立即就想出了一个计划，他先把给皇帝喂马的侏儒都召集起来，然后声色俱厉地吓唬他们说：“皇上说了，你们这些人太没用，耕地吧没力气，做官吧没才华，打仗吧不勇猛，简直一无是处，何必白白吃国家粮食呢，所以准备把你们全部都杀掉。”

这些侏儒一听，吓坏了，“哇哇”大哭起来。东方朔又装作一副怜悯的样子，对这些侏儒说：“这样吧，一会儿皇上要是路过这里，你们就赶紧跪下，哭着求饶，可能这皇上一看你们的惨样，就心软了。”

等到刘彻经过的时候，这些侏儒果然听从东方朔的指示，跪倒在地哭成一团，吓了刘彻一跳。刘彻很莫名，仔细一问才知道，原来是东方朔搞的鬼。刘彻就召见东方朔了，见到他之后，就板起脸问道：“你为什么吓唬朕的侏儒？”

东方朔挺直了腰板，说道：“那些三尺高的侏儒，俸禄是一袋米，二百四十钱。我九尺三的身高，俸禄也是一袋米和二百四十钱。他们倒是好，吃得快撑破了肚皮，我呢，饿得前胸贴后背。陛下，你要是觉得我这个人还有点用处，那首先也得让我吃饱饭不是？要是你觉得我实在没用处，那干脆赶紧罢免我算了，也算是为国家做贡献，给京城节约点儿粮食。”

听完东方朔的话，刘彻乐不可支，把东方朔从公车署待诏转移去了金马门待诏，这样一来，东方朔的级别就高了，俸禄当然也就多了。

有一年碰上三伏天的祭祀日，刘彻下诏说要赏赐文武百官鲜肉。于是大家早早就来宫里候着了，但一直等到太阳都快偏西了，这负责分肉的官员还没有来。这个时候，东方朔直接走了上来，二话不说，掏出刀就割了一大块肉，边割还边对百官说:“不好意思啊各位，今儿天太热了，我先走了啊。”

说完话，东方朔揣着肉大摇大摆就直接走了，惊得大臣们都目瞪口呆。

第二天一早上朝，刘彻就知道了这件事，又把东方朔叫来了:“你怎么自己切下肉就跑了？为什么不等分肉的官员?”

东方朔赶紧脱下帽子给刘彻请罪。

这件事情原本也不算大，但刘彻就想逗逗东方朔，看他什么反应，于是就假装一副生气的样子，对东方朔说:“你起来，当众批评一下自己，那朕这回就饶了你。”

东方朔赶紧张口喊道:“东方朔啊东方朔，你不等皇上开口，自己就把肉拿了，真是太无礼啦！拔剑来割肉，多潇洒！只切了一小块，多廉洁啊！自己没吃，全给老婆，多仁善啊！”

又一番不要脸的“自我吹捧”，把刘彻逗得大笑不止，之后又赏给了他一石酒和一百斤肉，让他继续带回去给老婆吃喝了。

东方朔的搞笑天赋可谓登峰造极，也正是亏了这一天赋，让刘彻对他喜爱非常，只要得到了皇上的喜爱，那一切问题也就迎刃而解了。凭借着逗刘彻开心这一本事，东方朔很快就被提拔做了常侍郎。但不久之后，东方朔却做了一件非常过分的事情，真的把刘彻给惹火了：他竟喝醉酒，在皇帝的朝堂上公然撒了一泡尿。这回皇帝是真的怒了，一道圣旨把东方朔的官撤了，留了个待诏宦者署。

当时有人问东方朔说："你是不是真的脑子有问题，是个疯子?"

东方朔是这么回答的："我在朝廷不过是为了避世。古人避世去山里，我则避世在朝中。"

如果东方朔只是一个单纯地具有超强搞笑才能的人，他的故事便不会如此流传甚广，也不至于到千百年后，也依然让人猜不透，看不穿。在表面上，东方朔总是表现出一种"娱乐至死"的生活态度，但从史书所记载的三件事中，我们却看到了一个全然不同的东方朔。

第一件事，阻止刘彻扩建上林苑。

上林苑是皇家打猎的地方。建元三年（公元前138年）的时候，刘彻突发奇想，打算要扩建上林苑。当时正是刘彻建元新政崩溃，受到窦太后掣肘的时期，因此刘彻突然把心思放在游玩方面倒也可以理解。

皇帝要扩建上林苑本来不是什么严重的大事，可问题是，如果要实施这场大规模的扩建，那么就必然会占用到大片农民的田地，这样一来，农民就只能搬迁到别处重新开垦荒地，这是非常扰民的行为。一向玩世不恭的东方朔就在这个时候突然跳出来了，对刘彻说了"三不可"：

国家得不到好处，农民被迫失去土地，这是第一不可为的事情；毁坏百姓的坟冢和住房，让百姓陷入悲痛之中，这是第二不可为的事情；皇上为了享乐，进行危险的娱乐活动，一旦出了意外，后果难以预料，这是第三不可为的事情。

汉武帝听了东方朔的话，觉得说得特别有道理，升他做了太中大夫，还赏赐了黄金百斤。不过这上林苑嘛，依然继续扩建。

第二件事，赞扬刘彻杀女婿。

昭平君是刘彻的姐姐隆虑公主的儿子，之后还娶了刘彻的女儿夷安公主为妻，可以说是亲上加亲的皇亲国戚。

昭平君这个人非常跋扈，常常惹是生非。隆虑公主在临终的时候，非常担忧儿子有朝一日闯下弥天大祸，于是拿出了很多钱，预先在刘彻那里给他赎了个死罪。

隆虑公主死后，果然没多久，昭平君就闯祸了，他在喝醉之后，竟然将妻子夷安公主的保姆给杀了。按照汉律，杀人必须以命相抵。当时，朝臣们都认为说，这隆虑公主之前已经替昭平君赎过死罪了，那干脆就饶他一命吧。

刘彻原本也这么想，但冷静下来之后又觉得，自己不能因为怜悯姐姐就违反了祖宗定下的法令，于是最终还是下令把昭平君处死了。刘彻下这个决定是非常挣扎的，昭平君不仅仅是他的外甥，还是他的女婿，杀昭平君，就意味着要亲手把自己的女儿变成寡妇。

昭平君伏法之后，刘彻的心里特别难受，皇帝不高兴，群臣当然也表现出一片惨惨淡淡的样子。就在这个时候，东方朔又跳出来了，欢欣鼓舞的样子，还倒了杯酒敬给刘彻。这东方朔说道："皇上你做得好啊！我听说，这但凡是圣明的君主，在执政的时候都是非常公平的，不会因为和别人有仇就不嘉奖他，也不会因为有亲缘关系，就不惩处他。陛下你这次做得实在太好了，简直是在为天下百姓谋福祉！"

刘彻顿时愣住了，怎么也没想到东方朔会在这种时候出来捣乱，脸一沉，退朝，然后把东方朔叫去了，质问他说：“你什么意思?”

东方朔脱下帽子，给刘彻叩了个头，说道：“陛下，这天底下，唯一能够消除忧愁的东西，就是酒。今天你这样伤心，我献上美酒一杯，一是恭贺陛下你办案公正，二也是希望陛下你可以消消愁忧。就是我这个人脑子笨，不会挑时候，罪该万死啊！”

刘彻心中一沉，顿时也明白了过来，这东方朔哪里是笨，不会挑时候，他这是害怕自己心生悔意，收回成命救昭平君啊，现在那杯酒也当着群臣敬了，再想收回成命，恐怕也不可能了。

第三件事，阻止内宠入室。

长公主，也就是陈皇后的母亲，刘彻的姑母刘嫖，她的丈夫死得很早，年纪轻轻就守寡多年。到五十出头的时候，长公主突然和一个名叫董偃的十八岁内宠好上了。

长公主特别喜欢这个内宠，对他也好得不得了，但同时长公主也一直非常忐忑，如果刘彻知道她和董偃的事情之后，会不会治他们的罪。为了保护这个内宠，长公主甚至在后来把自己的长门园也献给了刘彻，这个长门园说来有趣，也就是后来陈皇后被废所居住的园子，也算是物归原主了。

等时机差不多之后，长公主就安排刘彻与董偃见了一面，把事情挑明了。刘彻倒也开明，专门下旨向长公主保证，不会追究她与董偃之间的事情。董偃这个人也非常懂得讨人喜欢，经常陪着刘彻斗鸡踢球，很快就和刘彻关系变得很亲密了。

有一天，刘彻打算在宫里设宴款待一下长公主和董偃，当天，负责站岗的人是东方朔，东方朔一见董偃，就把他拦住了，死活不让他走进宣室。刘彻很愤怒，这一场难得的家庭聚会，这东方朔来捣什么乱。于是就问东方朔说："你这是什么意思？为什么不让他进？"

东方朔斜睨了董偃一眼，开口就数出了董偃的三大罪状："作为家臣，竟然私通公主，这是一罪；非婚同居，有伤风化，败坏了汉朝制度，这是二罪；蛊惑皇上沉迷声色犬马，这是三罪。"

刘彻无奈，只好下令将宴会移到了别处，并赏赐了东方朔三十金作为嘉奖。此后，刘彻也逐渐疏远了董偃，董偃郁郁寡欢，不到三十岁就死了。长公主也非常难过，董偃死后没几年也撒手人寰了，二人被合葬在了霸陵。

从这三件事情我们发现，东方朔这个人是非常有原则性和正义感的，他并不像他所表现出来的那样玩世不恭。他虽然滑稽搞笑，但却敢于直言进谏。他的多面性和另类性让他充满了神秘感，同时也是他能够在刘彻身边言无不尽的筹码。东方朔一生从未担任过地方官，几乎一直都跟随在刘彻身边，他是刘彻插科打诨的弄臣，但又总是在意想不到的时候对刘彻直言敢谏。东方朔是汉武帝朝堂上最另类的风景，同时也是最耐人寻味的一段历史。

第六章

皇权与天道

“罢黜百家，独尊儒术”，这可以说是汉武帝人生中做的最重要的决定之一。这一决定影响的不仅仅是西汉王朝的未来，同时也是千秋万代的大事。这一决定让儒学正式成为了中国历代官方的统治思想，为中华帝国注入了恒定的国家意识以及核心价值，致使帝国的组织形式，在儒家思想的维护下，稳定地延续了两千多年。汉武帝的统治需要“儒术”，但汉武帝却从来不是一个“儒者”，他将皇权置于天道之下，将“法治”披上“德治”的外衣，以儒饰法，奠定了中国封建社会统治思想的基础格局。

“儒式”强权

儒家学说强调的是温、文、稳的三字为政方针，提倡以仁义治国，以教化统一，倡导百姓统一思想，忠于封建王朝，恪守伦理纲常，这是儒术最核心的价值体现。表面上，汉武帝一直高举“独尊儒术”的为政纲领，但事实上，从汉武帝登基以来做出的种种决定，我们根本看不到儒术的核心价值，甚至可以说，在很多方面，刘彻的统治都是与儒学背道而驰的。

登基以来，汉武帝所做的一切改革，其政治目的无一不是围绕开疆拓土，实现“大一统”的最终理想而展开的。这一点就与儒家所强调的治国方针有着根本上的矛盾。在整顿吏治方面，汉武帝重用酷吏，严峻执法，以实现高度中央集权为目标。可以说，在汉武帝尊奉儒学的背后，他真正崇尚的是法家学说。那么汉武帝为什么一定要打出儒家的旗号来掩饰自己的法家思想呢?

儒家和法家一样，都是维护君主制度的，但两家学说的不同点在于，法家对君主制度的维护不讲道理，不讲仁义，而是单纯地靠强硬手段，比如权威、阴谋、严刑等，法家将其称之为势、术、法。这是法家学说的政治核心，所以，法家之道在百姓心中，就是霸道，而法家之政，在百姓眼中则为苛政，法家之制，在百姓眼中看来就是专制，法家之治，在百姓认知里就是刑治。最为代表性的就是秦朝的暴政。因此，在百姓的心里，法家名声不好，而且是很不好。

儒家则不同，它讲的道是王道，它提倡的政是仁政，它推崇的制是礼制，它讲究的治是德治。这说明，儒家学说在维护君主制度的时候是讲道理的，同时也比较有人情味。这样的统治，老百姓更能接受，更愿意接受，只要老百姓接受了，那么政权就能稳固。这样一来，皇帝满意了，百姓也满意了，统治也就顺利了。

而且，儒家学说在中国是有深厚历史根基的，它的根基实际上就是小农经济与宗法社会以及礼乐传统的一个结合，非常符合中国社会情况。因此，从这个角度来说，几乎没有其他任何的学说比儒学更适合成为国家统治的思想。但问题在于，真正的儒学家所提倡的理论，与帝国制度与生俱来的特质是存在不可调和的冲突性的，因此，刘彻从来不是一个儒学家，更不可能是一个纯粹的儒学家。他的统治，是以儒饰法的统治，换句话说，就是“德治”结合“法治”的统一。

“德治”主要负责思想指导，用来规范人们的世界观和价值观，从思想方面教化民众，让民众心甘情愿地拥护皇权，效忠皇权；而“法治”则负责约束被统治者的行为，以严厉的执法方式威慑违法者，以权术和酷刑驾驭臣下，通过强硬的手段来维护社会的清明与安定。刘彻的这一统治思想实际上奠定了中国封建社会统治思想的基础格局，对其后中国两千多年的封建历史有着非同一般的深刻影响。

刘彻真正的统治纲领，朝廷里有三个大臣看出来了，一个是酷吏张汤，一个是直臣汲黯，还有一个就是丞相公孙弘。

此前说过，张汤能够平步青云的最大优势就在于，他非常善于察言观色，每次都能准确揣摩到刘彻的心思，他看穿刘彻的想法，但却从来不会说穿，只利用自己的职权，在暗地里配合刘彻，甚至发明出了以儒学来断案的新手法，将法治披上儒学的外衣，得到了刘彻的极力赞赏。丞相公孙弘其实和张汤很像，他深谙官场之道，能够平步青云，显然也是特别懂得摸刘彻的心思，迎合刘彻的政见。唯独汲黯，他看透了刘彻尊儒背后的虚伪，并毫不客气地当面揭露出刘彻的“假仁义”，丝毫不给皇帝面子。

刘彻以儒饰法的统治纲领在很多为政举措方面都有所体现。比如刘彻爱才，这是天下皆知的事情，因为他特别喜欢下令招贤纳士，甚至强制要求大臣举荐人才，不能按时举荐的，还要给予处罚，恨不得能网罗天下人才。这是他“儒”的体现。但对于臣下，刘彻却是十分冷酷无情的，即便是对待自己非常宠幸的臣子，刘彻也常常不留情面，哪怕只是犯了点小错误，也必然严加惩办，如果再发现欺瞒行为，甚至可能直接处死。这一点所体现出的，正是刘彻崇“法”的一面。

汲黯曾经当面劝诫过刘彻，他说：“陛下，您一直渴望得到贤能的人才，但很多时候，这些人才还没来得及发挥出自己的聪明才干，就因为一些小事情而被您处死了。贤能的人才是非常有限的资源，怎么可能抵得住您无限的诛杀啊？再这样下去，天底下的人才恐怕都要被陛下您杀光了，那以后还有谁能辅佐您治理天下呢？”

结果刘彻很不以为然，他笑着回答说："这天下从来就不缺少人才，觉得人才少，只是因为你还没发现罢了。只要你善于发掘，又怎么会害怕找不到人才呢？所谓人才，其实和器皿物件是一样的，不管有多漂亮，如果不能施展他的用途，那和没有又有什么区别呢，这样的物件不丢弃，留着干什么？"

听了刘彻的回答，汲黯感到非常无奈，只好叹息道："虽然臣无法说服陛下改变想法，但臣的心中依然不能赞同陛下的观点。臣非常希望陛下以后能够有所改变，而不是觉得臣今天说的这些话是愚蠢而不明白事理的。"

刘彻大笑，对左右侍从说道："这个汲黯如果说自己特别善于阿谀奉承，那绝对是假的。但如果他说自己愚蠢不明白事理，那还真是说得很对啊！"

可见，刘彻此人实在刚愎自用，无论是他的思想还是行为，都实在看不出儒家的"仁义"。但刘彻并不是个不能包容异见的君主，很多时候，面对与他政见不同的臣子，刘彻都不曾加以为难，甚至可能委以重任。刘彻真正看重的，是一个臣子的忠诚，因此，哪怕汲黯一次又一次地公然与刘彻对抗，刘彻也从来不曾对汲黯动过杀心。

汲黯的刚直一度让他得罪人无数，因此没过多久，汲黯就因为一些违法的小事情被人揪住了辫子，最终失去官职，回家赋闲。但刘彻一直没有忘记这个刚直之臣的存在。几年之后，荆楚一带私铸钱币的情况非常猖獗，对社会经济造成了严重破坏，为了整顿此事，刘彻再次起用汲黯，任命他为淮阳太守。

汲黯在收到刘彻传召之际，心中大为惊诧，他本以为自己再没机会与刘彻相见了，在见到刘彻的时候，汲黯跪在地上涕泪横流，动情地说道：“臣本以为此生再无缘与陛下相见，却没想到陛下还记得老臣，如今还愿意给老臣机会。臣虽然无比期盼能以犬马之心报效陛下，怎奈多年疾病缠身，恐怕是担不起这个重任，太守一职臣实在是不敢接受啊。只希望陛下能留臣子在身边，为陛下尽绵薄之力，做些力所能及的事情。”

听到汲黯的话后，刘彻安抚道：“你是不是小看了淮阳太守一职，所以才不愿意上任啊？淮阳百姓如今的处境实在艰难，朕希望能借你的威望去震慑那些奸邪之徒，救百姓于水火。你只要和当初在东海郡担任太守时候那样，每天躺在床上治理那地方就足够了。你放心，朕很快就会再把你召回身边的。”

听到刘彻这么说，汲黯才勉强答应就任淮阳太守一职。离开之前，汲黯专门去拜访了当时的大行李息，对李息说：“皇上把我放逐到地方上去了，以后我就没机会参与朝议了。御史大夫张汤是个非常狡诈的人，常常制造事端，对陛下曲意逢迎，以此来邀宠。你位列九卿，一定要把张汤的真面目揭露出来，否则日后陛下发现张汤是这样的小人，可能会因此而惩罚你没有早些作出提醒。”

汲黯对李息的这一提醒非常有先见之明，但可惜的是，李息始终不敢像汲黯那样直言敢谏。最终，自张汤倒台之后，刘彻果然迁怒于李息。

在担任淮阳太守之后，汲黯果然不负刘彻所望，成功地稳定了当地治安。刘彻非常高兴，给予了汲黯相当于诸侯国国相的待遇。可惜的是，汲黯最终也没有等到刘彻的召回，任职淮阳太守七年之后病死在淮阳。

汲黯死后，刘彻非常伤心，迅速提拔了汲黯的弟弟和儿子在朝为官。汲黯的兄弟中，前前后后共有十余人因为他的关系得以官至二千石。可见，对于这个总是与自己做对的臣子，刘彻的感情是非常深厚的。

丞相的命运

汉武帝一朝历经五十四年，丞相却一共任命过十三个，在这十三位丞相中，除了第一任丞相卫绾是由景帝直接任命，从景帝过渡到汉武帝的一位，其他十二位都是汉武帝登基之后才任命的。这是非常令人意外的一个数字，按理来说，在西汉时期，丞相的政治地位是非常高的，是外朝一切官员的上司，不应该轻易就进行更换，但为什么刘彻却一直频频更换丞相人选呢？而这些丞相在走下相位之后，又都有怎样的命运呢？

第一任丞相卫绾是景帝直接任命的，为人忠厚老实，但政绩方面没有什么贡献，所谓“一朝天子一朝臣”，刘彻登基之后打算大展拳脚，对这个业绩平平的“老人”看不上，是很正常的，于是正常罢免；第二任丞相窦婴，这是窦太后罢免的，与刘彻的意愿关系不大，但此后，窦婴因为与新丞相田蚡产生争端，为顾全王太后，刘彻选择了牺牲窦婴；第三任丞相许昌是窦太后提拔的，窦太后死后，因为与刘彻政治思想不统一而被罢免，也情有可原；第五任丞相薛泽同样因没有明显政绩而被刘彻罢免；第六任丞相公孙弘可以说是刘彻手下所有丞相中最成功的，成功的点不在于政绩，而在于官运，大器晚成，却一直安然无恙地在相位上做到八十岁，然后寿终正寝，深得刘彻器重与欣赏；第七位丞相李蔡因为私下盗用了三顷景帝陵园的土地而获罪下狱，最后在狱中自杀；第八任丞相庄青翟因为与张汤之间不和，以及祸及三长史与张汤之间的私怨而下狱，同样在狱中自杀；第九任丞相赵周因为私自包庇列侯献上的黄金成色有问题或者重量不足等问题而获罪下狱，同样被迫自杀；第十任丞相石庆因病而死；第十一任丞相公孙贺因为儿子和公主私通，并且被巫蛊的事情所牵连，最终被判死罪；第十二任丞相刘屈氂同样因被巫蛊事件牵连而被判腰斩；第十三任丞相田千秋因病而死。

我们发现，这十三位丞相当中有相当一部分人最终死于非命，这其实也从侧面反映出了一点：汉武帝刘彻在执法方面非常严酷，与儒家提倡的仁政完全背道而驰，他从来就不是一个儒生，他是一个非常典型的“酷帝”。

秦汉时期，丞相的权力是非常大的，究竟有多大呢？我们来看一个例子。

在吕后为政的时期，惠帝驾崩之后，吕后有意想要册封自己吕家的人为诸侯王，以巩固吕家在朝廷的地位。吕后是个非常强悍的女人，尤其在当时，迫害后宫嫔妃，迫害皇子皇孙，堪称是只手遮天。但就在她提出这个想法的时候，右丞相王陵站出来反对，理由就是刘邦生前的“白马盟誓”规定，异姓不能封王。结果吕后的计划只能搁置。

最后，吕后是怎么解决这个问题的呢？她把王陵给调任了，然后让自己的亲信陈平来当右丞相，这才顺利通过这一提议。

从这件事情我们看到，丞相这个职位在西汉初期的意义是非常重要的，即便身在皇位之上，也必须要尊重丞相的意见，相权可以说是唯一能够与皇权抗衡的力量。

刘彻登基的时候，他所面临的朝廷格局是这样一种状态：君弱臣强。从表面上来看，丞相是皇帝的官员，要听皇帝的话办事。但从实际上来说，丞相却是整个外朝的负责人，皇帝要尊重他，百官也要听他的话，他才是实际意义上的掌权者。丞相的权力有多大呢？举个例子，比如朝廷里有大臣犯了事，官职也不小，大概是内史一类的，丞相觉得他不对，那就能够先处理了，然后再去告诉皇帝，也就是可以“先斩后奏”，这个权力是相当了不得的。而且在国事问题上，丞相的意见也是相当重要的，光皇帝同意还不行，丞相不同意，照样不能做。不管从哪方面来说，丞相的地位都是非常高的，从实权掌握方面，几乎可以和皇帝平起平坐。

刘彻是不可能容忍这个局面的，他要中央集权，而这个中央，特指他自己。他不仅仅要把诸侯外戚的势力集中到朝廷，更重要的是，他要确认自己处于权力的中心，将朝廷的权力集中掌握在自己手中，这就是刘彻一直追求的中央集权。而相权显然是他实现这一目的的巨大障碍。因此他决定，要裁抑相权。

一方面，刘彻开始广招人才，封为侍中，让他们跟在自己身边，参与议论朝政，形成了一个非常具有决策力的“内朝”，内朝的建立直接将丞相从政策决策人变为了执行内朝议定国策的“外朝”。内外朝这样的制度直接削弱了丞相的决策权。另一方面，刘彻在对丞相的监管方面加大力度，对丞相犯下的错误严惩不贷，以至于造成六位丞相死于非命的恐怖局面。致使丞相之位几乎联通了死刑的大门，使得后来刘彻要擢升公孙贺为丞相时，却把公孙贺吓得不轻，数次推却，不肯接受丞相的金印紫绶，生怕有所纰漏引火烧身。最后，迫于刘彻威慑，公孙贺才勉强就任丞相之职，而他的最终结局也果然如他所担忧的那般，死于牢狱之中。

可见，汉武帝一朝，丞相们的命运是非常令人担忧的，而刘彻之所以对丞相如此苛刻，说白了，还是为了强化自己的绝对统治地位，让相权从“能与皇权抗衡”逐渐沦为“任皇帝宰割”。

汉初时候，丞相的选择有一条不成文的规定：先封侯后拜相。也就是说，只有列侯和功臣才有资格角逐丞相之位，列侯和功臣拥有过硬的政治权力背景，同时也具有强大的经济实力作为支撑，这也是西汉初年导致相权过盛的原因之一。

在刘彻选择公孙弘做丞相的时候，公孙弘是没有任何列侯以及宫廷背景的，也就是说，公孙弘个人的政治实力非常弱。可以说，从公孙弘拜相开始，西汉的丞相制度有了一个颠覆性的转变，即先拜相，后封侯。这对于刘彻抑制相权是非常有利的，担任丞相的人没有深厚的政治背景和经济背景，这就意味着丞相实力的削弱，实力削弱，自然无力再与皇权斗争，如此一来，就只能听从皇帝命令了。

刘彻裁抑相权，从根本上改变了“君弱臣强”的政治局面，进一步摆脱了丞相对他的掣肘和控制，同时也进一步强化了皇权的绝对权威，是其实现稳固皇权，高度中央集权的重要举措。

皇权下的新儒生

奠定刘彻“独尊儒术”思想的是董仲舒，但非常有趣的是，在武帝一朝，董仲舒的地位却并不高，太史公司马迁在立传的时候甚至没有为了董仲舒单独做传。那么是谁将董仲舒的地位拔高的呢？是《汉书》的作者班固将他推为儒生之首，也就是那个时候，他深得刘彻欣赏的《天人三策》也才正式被载入史册。

这是非常奇怪的事情，如果刘彻真的决定推崇儒学，那么为什么却一直没有重用董仲舒呢？事实上，这说明了一个非常重要的问题，刘彻的“尊儒”，不是真的崇尚儒学，他真正要尊的，是符合他统治思想和统治需求的新儒生。

新儒生的代表人物有两个：一个是高祖时期的叔孙通；另一个则是汉武帝一朝官运亨通的“平安丞相”公孙弘。

叔孙通在秦朝时期担任秦二世的博士。陈胜、吴广起义的时候，秦二世叫来了一帮儒生，询问他们关于起义的情况。这些儒生都是书呆子，有什么说什么，就把情况说了一下，至于怎么办，当然只有一条，出兵镇压，和这些乱臣贼子大战一场。

结果秦二世不高兴了，脸色沉了下去。就在这个时候，叔孙通站出来了，说道："这天下一统，四海一家，贤明的君主坐镇朝堂，开明的律法管制百姓，怎么可能会有人造反呢？那些人，不过就是些小偷小摸的，不足为患！"

秦二世一听，顿时龙颜大悦。在退朝之后，其他的儒生不高兴了，开始纷纷指责叔孙通，说他阿谀奉承，欺君罔上，叔孙通当时只说了一句话："这个时候不这么说，我们还有命吗？"

后来叔孙通投奔了项梁，之后又跟了刘邦。跟刘邦之后，叔孙通的立场顿时坚定了，或许是觉得刘邦的胜算比较高，即便在刘邦数次遇到危机的时刻，也没有再改立门庭。

跟随刘邦期间，叔孙通给刘邦举荐的人才，几乎都是些为非作歹、杀人越货的恶徒，这些人刘邦看得上，在打仗时候也特别好用。此时的叔孙通身上，几乎看不到大儒的任何一点儿影子。

叔孙通有很多学生，看叔孙通在刘邦身边倍受重用，一度希望叔孙通能引荐他们，但叔孙通却宁愿推荐那些大奸大恶的人，也不举荐自己的学生，这一度引起了学生的不满。这时叔孙通就发话了："这汉王现在在干什么知道吗？是冒着枪林弹雨打天下。推荐你们，你们能打吗？你们打得过吗？现在时候还不到，等时候到了，难道我会忘了你们吗？"

叔孙通说的"时候"很快就到了，那正是刘邦大胜，建立西汉王朝的时候。

刘邦这个人出身草莽，没什么学问，最讨厌的事情就是繁文缛节，所以在建立西汉之后，第一件事就是把秦朝时候的礼节全部废了，准备一切从简。但这样一来，问题就来了，刘邦的大臣也大多是些粗人，在庆功宴会上，全都大吼大叫，酗酒争功，甚至还有人拔出剑来敲击柱子，简直无奇不有，乱成一锅粥。刘邦怒了，这才发现，礼仪虽然麻烦，但确实不能没有。于是叔孙通派上用场了，他的那几百个学生也派上用场了。

很快，叔孙通就和学生一起，为刘邦量身定做出一套完整的登基大典的礼仪，并且迅速组织百官进行排练。高祖七年十月，叔孙通所制定的朝仪第一次在长乐宫试行，当看到文武百官诚惶诚恐地拜倒在自己脚下时，刘邦这才真正尝到了当皇帝的滋味，心满意足地说道:“今天我才知道做皇帝是多尊贵啊!”

刘邦是讨厌儒生的，而且对儒生非常蔑视，但叔孙通成功了，因为他与传统的儒生是有区别的。叔孙通明白，时代在变迁的同时，儒学也必须要与时俱进才可能投入实践。过去，儒学是为邦国而服务的，但现在，邦国时代已经过去，帝国时候正在到来。儒学必须要成为能够为帝国服务的东西才可能延续下去，得到统治者的承认。

公孙弘与叔孙通一样，也并非是传统的儒生。他是狱吏出身，因此具有非常熟练的律法知识，算是具备法家的根底。他明白，刘彻需要的是儒学，是披着法家外衣的儒学，所以在刘彻面前，他所提出的所有主张都是非常务实的，但他又聪明地引用儒学经典作为装饰，掩盖自己真正的意图，让刘彻非常受用。

公孙弘最阴险的一点在于，每次遇到为难事情，他总是会让其他大臣先开口，然后再观察刘彻的反应，如果刘彻高兴，他便接着说下去，如果刘彻变脸，他立刻就能调转枪头，和刘彻站在同一阵线。公孙弘最常设计陷害的就是汲黯，因为汲黯刚直、敢说，公孙弘每次都把他当做试探天子心意的“试金石”。

常在河边走，哪能不湿鞋。别的大臣被公孙弘设计了可能抱怨几句也就算了，但汲黯可不会惯着他，常常会在刘彻面前直言揭露他的“伪君子”本色。

有一次，在刘彻面前，汲黯就曾经指名道姓地批评公孙弘说：“这齐地的人，最擅长欺骗之术，从来没一句实话。比如公孙弘，在私底下和大臣们商量事情是一个样，一见着皇上，立刻就溜须拍马，把商量好的事情抛诸脑后，这个太不忠诚了。”

刘彻很震惊，汲黯口中所形容的公孙弘和他认知里的公孙弘可完全不是一个人。

结果公孙弘也不慌，也不为自己辩解，只说了这么一句话：“了解我的人知道我的忠诚，不了解我的人自然看不到我的忠诚。”

四两拨千斤，把汲黯对他的控诉全部归结到因为不了解而产生的“误会”上。

还有一次，汲黯又在刘彻面前揭发公孙弘，说他非常虚伪，明明位列三公，俸禄也很多，却老是喜欢装穷，为的就是在外博名声。

此前说过，刘彻非常看重臣子的忠诚，诚实就是忠诚最大的一个表现。如果公孙弘真的如此表里不一，那是不是意味着，他就是一个非常不诚恳，缺乏忠诚的人呢？这个问题往深里想，是非常危险的。

但公孙弘还是不慌，笑眯眯地说道：“这汲黯啊，果然是大臣里头最了解我的人！他说得非常对。我得到皇上的信任，能够身居庙堂之高，却一直都表现得很简朴，确实是想求个清廉的美名。想当年，管仲多奢侈，豪宅就有三处，但这并不妨碍他辅佐桓公成就千秋霸业。至于晏婴呢，则清贫得很，吃饭桌子上基本不见荤腥，妻妾也都身穿粗布衣，但依然可以成为一代良相。所以我觉得，这个臣子到底喜欢奢侈还是简朴，和他们有没有能力辅佐君王，其实关系不大！”

公孙弘大大方方承认了汲黯的“指控”，顺便自比管仲、晏婴等名相，反而让刘彻觉得他是个非常诚恳的人。

此外，公孙弘做得最厉害的一件事情在于，他总是在刘彻面前夸奖汲黯，如此一来，整天“状告”和指责他的汲黯反而显得气量狭小了。这就是新儒生的厉害之处，他们对这个社会的权力分配结构看得十分透彻，他们明白，不管你的政见是什么，不管你的论点有多精彩，你成败的关键在于这些是否能得到统治者的认可。抓住了统治者的心，就抓住了你的未来、你的仕途，以及你想要实现的政治理想。

儒术独尊与仕途垄断

西汉王朝的创立并不光彩，说白了就是一个武力夺权的过程。刘邦出身低微，没有显赫的身份背景，他的成功无异于佐证了陈胜吴广起义时喊的那句:“王侯将相，宁有种乎?”但这样一来，是否也意味着只要你有武力，你就随时可能去夺江山做皇帝呢?

对于统治者来说，这是一个非常敏感的问题，也是非常难解的问题。如果统治者并非是一个绝对的选择，那么这就意味着，被统治者与统治者之间并没有本质上的不同，任何一个被统治者都有资格成为统治者。这样一来，所谓的皇权、君权等将不再合法，武力将会成为唯一存在的真理。

而这个时候，董仲舒出现了，在他的儒学观点中，提出了一个非常重要的理论，那就是君权神授。这个理论完美地证明了皇权的合法性，并将皇权与天道相结合，将统治者推上了一个区别于众人的，至高无上的地位。

董仲舒说，新朝能够取代旧朝是天意，新统治者的诞生是上天注定的选择，一切都是命里已经注定的，因此，并不是任何人凭借武力和计谋都能得到一统天下的机会。这一理论不仅仅证明了西汉政权的合法性，同时也将神圣的光环笼罩在了皇帝头上，给了被统治者一个完美的服从理由。

因此，我们可以认为，刘彻对儒学的兴趣和推崇，最重要最根本的原因在于，儒学中将天道与皇权进行了完美结合。儒学推崇统治者，这是统治者所需要的；儒学讲究伦理纲常，这是稳固政权所需要的；儒学讲究君臣父子，这是驾驭百姓所需要的。

但在刘彻之前，西汉王朝的主流思想是黄老，上至太后，下至臣民，无一不是在黄老思想的熏陶下所成长的。那么，在这样一种大环境的影响下，刘彻又要怎么来实现儒术的独尊呢？新儒生公孙弘解决了这一问题。

我们知道，帝国属于官僚统治，皇帝通过官员来代理皇权，实现国家各个方面的掌控。试想，如果这些官员全部都尊奉儒学，全部都是儒生，那么儒学的地位不就不可动摇了吗？这是一种从根本上巩固儒学地位，从而实现儒学独尊的方式，我们称之为仕途垄断。

但要实现垄断并不容易，高祖的江山是通过武力取得的，这意味着，其权力机构的本质是“武功”。军人们浴血奋战打下的江山，怎么可能拱手让给儒生来管理呢？

这种军人政治实际上从本质来说就是贵族政治，贵族政治就意味着，这些掌管中央机构的官员，在背后都有着自己的背景和势力，官员势力越大，皇帝的势力相对就会越弱。因此，贵族政治可以说是中央集权的一大阻碍。因此，为了强化中央集权，文官政府替代军人政府是迟早的事。

已经成型的机构难以撼动，那就将目光转向还没有成型的地方。因此，公孙弘把目光转向了朝廷的下一代，打算从教育抓起。

元朔五年（公元前 124 年），公孙弘上书刘彻，建议为博士设弟子。博士是一种官称，相当于皇帝的顾问。此时，由于刘彻尊儒，因此研究儒学以外学说的博士都已经被罢官，刘彻的顾问团里只剩下专门习读五经的博士，即儒家经典《诗》《书》《礼》《易》《春秋》。因此，公孙弘提出给博士配备弟子，实际上就是在为朝廷培养儒学接班人。

博士是皇帝的顾问团，同时也是太学的老师。博士的弟子实际上就是太学生，太学生自入学之后开始，每年都能参加一次考试，并按照成绩高低的不同获得不同的官位，而考试不及格的，则只能退学。

公孙弘这一提议把董仲舒建立设置的太学机构的地位直接拔高了几个等级，让太学成为了名副其实的朝廷官员培养基地。公孙弘的这一想法影响是非常深远的，他利用太学来培养儒生，然后又将这些儒生进行定向输送，悄无声息地放入朝廷权力机关，甚至逐步让他们接替旧官僚，走上领导岗位。这种缓慢而又行之有效的方式，让西汉王朝的军人政府悄无声息地开始转变成为士人政府。

刘彻选择儒生作为维护统治的有力执行者，这是非常高明的。儒家的思想主张忠君爱国，因此我们发现，在历史上，士人往往很少会参与造反，这实际上很大一部分都是刘彻和公孙弘的功劳，因为他们的仕途垄断政策，才成就了忠君爱国的儒生士人集团。

第七章

耀眼的双子星

卫青与霍去病是闪耀在西汉天空最引人瞩目的双子星，他们既是舅甥，又同为汉武帝的将军，同样在征讨匈奴的战役中建立下光耀一生的丰功伟绩。他们同为私生子，却有着全然不同的成长经历，而这全然不同的成长经历则造就了他们二人全然不同的个性。卫青谦恭随和，霍去病豪气冲天；卫青沉稳如山，霍去病性烈如火，他们以截然不同的风格与魅力在汉武帝时期留下绚烂的一笔。

失算的马邑之谋

西汉与匈奴已经是老对手了。在汉朝建立之初，刘邦从秦手中接下的天下是非常破败潦倒的，《史记·平淮书》里有这样一点记载：“汉兴接秦之弊，丈夫从军旅，老弱转粮饷，作业剧而财匮。自天子不能具钧驷，而将相或乘牛车，齐民无藏盖。”说的就是西汉初年，承接了被战争蹂躏得破败不堪的天下，青壮男子从军打仗，连年纪大的都要去服役做后勤工作，百姓过得艰难繁忙，但得到的回报却少得可怜。皇帝想找四匹同样毛色的马来拉车都找不着，至于将军丞相这些大官，很多都坐不起马车，只能找牛来拉车。老百姓就更不用说了，仓库里没有粮食，家里也没有布帛。

然而即便在这样的情况之下，高祖刘邦最初对于匈奴的态度也是非常强硬的。高祖七年（公元前 200 年）时，刘邦曾亲率三十三万大军与匈奴开战，结果这一战差点儿要了刘邦的命，他被围困在白登整整七天七夜。刘邦一度以为自己怕是挺不过这个劫了，好在他手下非常厉害的一个谋士陈平想了个办法，让人去贿赂了匈奴单于的皇后阏氏，让那人跟阏氏说，要是单于再不肯放我们皇上一马，那我们只能送几个美女给单于求求他了。阏氏害怕陈平真的送美人给单于和她争宠，于是收下贿赂，劝当时的匈奴首领冒顿单于退了兵。

捡回一条命后，刘邦这才深刻地感觉到了西汉与匈奴之间的实力差距，只好同意谋士娄敬的提议，派遣使者去向匈奴求和，与匈奴缔结姻亲关系，从此开启了与匈奴结亲的先河。

娄敬提出与匈奴和亲，原本打的如意算盘是，让汉朝的公主成为匈奴的阏氏，也就是皇后，然后公主生的孩子以后就是太子，也就是未来的单于，这样一来，匈奴的首领不就是大汉首领的晚辈了吗，那这晚辈当然是不能和长辈打的。娄敬想的挺好，但可惜的是，事情的发展始终没有朝他所预期的方向发展。和亲政策不仅没能阻止匈奴南侵，也没有让西汉边陲获得和平。

和亲的政策一直在西汉持续了下去，到文帝时期，却发生了一场意料之外的麻烦。

按照惯例，每一次和亲，皇帝都会选派一些宦官跟随和亲的公主前去，一般来说，凡是被选中前去和亲的，其实就意味着终生都无法再回归故土了，所以根本没有人愿意去。文帝时期的这一次和亲中，有一个被选中和公主同去和亲的宦官叫中行悦，他反抗得非常激烈，说什么也不愿意去。主事人也没管他，反正时间已经板上钉钉，想得开想不开那是你的事情。临行之前，中行悦就放狠话了:“如果你们非要把我送去匈奴，那我肯定要做大汉朝的灾星!”

对于中行悦这番话，没人放在心上，一个小小的宦官，能翻起什么波浪。但这中行悦还确实说到做到了。

一到匈奴之后，中行悦立马就去找匈奴单于投降，然后发挥自己在汉宫里头对付主子的本事，极尽所能地讨单于欢心。他这么做只有一个目的，不是为钱，也不是为权，就是单纯地要报复逼迫他背井离乡的汉朝廷。

中行悦不断地对匈奴人灌输对汉朝的敌意，怂恿他们抵制使用汉朝的东西，比如丝绵等。为了让匈奴更加强大，能够与汉朝相抗衡，中行悦还教授了匈奴人计数方法。在中行悦的吹捧和教唆下，匈奴单于对大汉皇帝的态度越来越傲慢，甚至于文帝十四年（公元前 166 年）冬天的时候，突然率兵攻打汉朝，还把北地都尉杀死了。文帝大怒，执意要挂帅亲征，后在窦皇后的极力阻止下才作罢。

到景帝时期，七国之乱的时候，匈奴本想趁火打劫，后景帝成功平叛，匈奴的阴谋才宣告破产。

到汉武帝刘彻登基的时候，西汉王朝与建国之初相比，已经不可同日而语，经过几代人的休养生息，汉王朝已经国富民强，拥有了强大的经济实力。有了这样的资本，加之年轻气盛的刘彻怀抱的“大一统”思想，汉王朝与匈奴持续数十年的和亲政策走到了关键的转角处。

建元六年（公元前 135 年）时，匈奴按照惯例，派遣使臣前来长安，向皇帝求亲。对这件事，刘彻特意召开朝议，询问各大臣的意见。当时，朝臣的意见主要分为两派：一派是以大行王恢为代表的，主张和匈奴开战；另一派则是以御史大夫韩安国为代表的，主张答应匈奴和亲。

王恢是燕地人，并且曾在边陲之地担任过官职，对匈奴的情况有几分了解，他说：“匈奴与大汉和亲，能换取的和平也就是那么几年，几年后，匈奴照样会出兵继续骚扰大汉边境。数十年来情况都是这样的。所以，匈奴就是一个毫无信义的民族，要彻底解决匈奴的麻烦，和亲是没用的，只能打！”

韩安国却不同意，他说：“匈奴是游牧民族，没有固定生活的地方，而且就像你说的，他们毫无信义，所以想收服他们几乎不可能。因为没有固定生活的地方，所以我们发兵去打他们，不好打，不知道去哪里打。因为他们难收服，所以即便打赢了，也收服不了。因此，我们还不如继续和亲，给他们点好处，来换取和平算了。”

和亲是汉王朝已经持续了数十年的“国策”，加之韩安国本人又是非常有名的辩才，自然能赢得大多数人的支持。再加上以往对匈奴作战的战绩实在惨淡一片，群臣都没有信心能够战胜匈奴，所以自然主张和亲。

刘彻内心当然是想和匈奴一战的，但眼看大势所趋，只好暂且答应同匈奴和亲。但这并不意味着刘彻放弃了与匈奴决裂的想法。

元光二年（公元前 133 年）的一天，刘彻突然又召开了一场朝议，此时距离他答应与匈奴和亲已经过去三年。

刘彻说：“朕把公主打扮得漂漂亮亮送去跟单于和亲，还馈赠了他们丰厚的嫁妆，但这单于呢，不懂得知恩图报，对大汉朝表现得傲慢无礼，还经常去侵扰边境的百姓。百姓们太受苦了，朕非常心痛。所以，朕现在决定要发兵去攻打匈奴，你们觉得怎么样?”

这一次，刘彻在询问大臣意思之前，先把自己的观点摆明了，这实际上就是在给大臣施压。反正我的态度就是这样，你们谁不同意吧，那就是要和我做对了。这回还是王恢和韩安国站出来辩论。

王恢这回变聪明了，没有和韩安国正面冲突，而是先讲了个故事：

战国时期有个国家代国，代国北边是匈奴，南边接中原，可谓腹背受敌。但这个代国却很厉害，在这样的情况下，依然能保证让百姓安居乐业，连匈奴都不敢轻易去进犯它。

讲完代国的故事，王恢开始慷慨陈词了："可是今天什么情况？我们大汉朝，比起小小的代国来说，那是何等的威仪。可今天，匈奴面对大汉，气焰却如此嚣张，这都是因为大汉的态度不够强硬！所以，打匈奴势在必行，目的不是收服他们，而是要震慑他们，让他们知道，大汉朝远远比当年的代国要厉害得多！"

韩安国的论点和上一次区别不大，在陈述完之后又把高祖刘邦给搬出来了，这和亲政策是刘邦开的先河，是刘邦定下的国策，如今不和亲了，莫非说刘邦当年错了？这是在用"高祖皇帝"压王恢。

王恢一听，这韩安国阴险啊，想给自己下套？于是拉长声音回应道："高祖皇帝之所以提出和亲，那是因为他胸怀天下百姓，不忍百姓受苦，不代表说大汉朝就不是匈奴的对手。但今天情况不同了，匈奴人不知好歹，对边境的骚扰越来越严重，致使百姓苦不堪言。如果高祖皇帝今天还在世，为了天下百姓，那肯定是毫不犹豫地打！"

最后，问题的关键点又回归到了怎么打匈奴。这一次，王恢是有备而来，他向汉武帝提出了一个作战方案：先将士兵埋伏在边境，然后以诱敌之计将匈奴单于骗来，如此，汉军便可以逸待劳，一举俘获单于。

这一作战方案是边境地区雁门郡马邑县的一个商人聂壹给王恢拟定的，其选中的作战地点就在马邑一带，因此在历史上被称为"马邑之谋"。

刘彻一听，这个方案好，完全解决了汉军追不上匈奴的难题，就这样定了，哪还顾得上其他大臣的反对意见。

元光二年（公元前 133 年）夏，“马邑之谋”正式启动。刘彻派出精兵三十万，以御史大夫韩安国为护国将军，大行王恢为将屯将军，太仆公孙贺为轻车将军，卫尉李广为骁骑将军，太中大夫李息为材官将军，共同屯兵马邑。按照计划，韩安国、李广以及公孙贺所率领的主力军埋伏在马邑附近山谷中，准备伏击匈奴单于，而王恢和李息所率领的三万余兵马则在代郡之外设伏，配合主力部队攻击匈奴侧翼。

安排妥当之后，商人聂壹便以经商为由，越过边境到匈奴觐见了单于。聂壹对单于说:“我有办法帮助大王你杀死马邑县县令，县令一死，这马邑县就能任由大王宰割，到时候，大王你就可以得到所有马邑县的钱粮牲畜了。但是我很怕在这个过程中汉军打过来，那我的小命肯定不保。”

匈奴单于一听，觉得这个计划好，有利可图，于是马上向聂壹保证，自己将亲自率领十万匈奴大军去武州塞接应聂壹，到时候就算汉军反应过来，也不是匈奴军的对手。

为了瞒骗匈奴使者，聂壹等人还特意杀死了一名囚犯，把囚犯的首级挂在马邑城上，并告诉匈奴使者说，这个就是马邑县令的头颅。

听说县令已经死了，单于乐坏了，赶紧率领说好的十万大军就朝马邑进发。就在快到马邑的时候，单于突然觉得不太对，平日里这茫茫的大漠之上，都会有百姓来放牧，但今天，怎么一个人也没有，只有稀稀拉拉的牛羊自己在跑呢?

原来，汉军担心打起仗来伤及附近的无辜百姓，所以提前把百姓都驱散了。可没想到，就是这一时的仁义之心，引起了单于的怀疑。

单于马上停止前进，率领大军调转马头，攻打了附近的一个边防小亭，并幸运地俘虏了雁门郡尉史。这个尉史胆子非常小，被单于这么一吓，就把汉军埋伏的所有计划和盘托出了。单于大惊失色，随即突然仰天长笑道:“能俘虏这个家伙，是老天爷对我的恩赐，说明我命不该绝啊!”高兴之余，单于不仅没杀死这个尉史，反而册封他为“天王”。

这头王恢和李息还士气高涨地等着单于呢，结果那头却听说单于突然退兵了。王恢急了，本来想赶紧出兵追击，但后来一想，这单于突然退兵，会不会有什么阴谋，如果自己去追了，会不会落入陷阱。思前想后，为了保险起见，王恢还是下令退兵了。至于韩安国那头的主力部队呢，在马邑埋伏了很久，却连匈奴人的影子都没见着，后来实在沉不住气了，决定干脆先出去打吧。但这个时候，匈奴人早就跑远了，追都追不上。

“马邑之谋”就这样静悄悄地落下了帷幕，堪称雷声大，雨点小，或者说根本就没落雨。这是刘彻登基以来第一次对匈奴用兵，却遭遇了这种结果，实在颜面无存。盛怒之下，刘彻把王恢抓了起来准备问罪。按照当时朝廷的律法，这王恢还没出击就擅自决定退兵，犯的是死罪。王恢心里憋屈，但也没办法，最后为了保命，赶紧叫家里人去贿赂了当时还活着的丞相田蚡。

我们知道，这田蚡之所以得势，完全是仰仗着姐姐王太后的照拂，刘彻对田蚡，意见那是非常大的，早恨不得把他抽筋剥皮了。可这王恢，谁也不找，偏偏找了田蚡，田蚡收了钱，就跑去找了王太后，试图通过她来给王恢说说情。王太后这么一说，刘彻就明白怎么回事了，心里更是怒气冲天，直接回复王太后说，这王恢非杀不可！要不是他，自己也不会派十万大军去马邑埋伏。就算当时计划败露，他也应该当机立断，出兵追击至少有点儿收获，可他呢，什么都没做就回来了，不杀他，以后还怎么树立军威啊！

王恢在牢里听说了这个情况，知道自己已经难逃一死，就主动自杀谢罪了。

“马邑之谋”虽然失败了，但它却让大汉与匈奴彻底撕破了脸，同时也让大汉朝除了与匈奴一战之外，再没有其他选择。险些被俘的匈奴单于必然对大汉发起报复，也绝不可能再与大汉商谈和亲之事。而血气方刚的天子刘彻，为了挽回颜面，必然加重雪耻之心，也不可能再和匈奴缓和关系。兵戎相见，金戈铁马，这就是两个民族之间的未来。

卫氏荣光

元光六年（公元前129年），为报马邑之仇，匈奴单于再次率军卷土重来，攻入上谷郡，大肆烧杀抢掠。刘彻得知消息后非常愤怒，立即着手进行兵马调动，准备进攻匈奴，一雪马邑之耻。

此次攻打匈奴，刘彻亲自进行了战略部署，卫青被封为车骑将军，负责率兵从上谷郡出发；公孙敖被封为骑将军，负责率兵从代国出发；

公孙贺被封为轻车将军，负责率兵从云中郡出发；李广则依旧为骁骑将军，负责率兵从雁门郡出发。刘彻给这四位将军每人调拨一万精兵，令其兵分四路攻打屯兵于边关附近的匈奴军。

这四路将军中，名声最盛的当属有“飞将军”之称的李广。李广是将门之后，先祖李信是秦朝时期的名将。从汉文帝时期开始，李广就已经加入了抗击匈奴的队伍，他精通骑射，战功卓绝，早在年少时就已经闻名天下。

李广之后，名气最盛的就是公孙贺。公孙贺在景帝时期就已经加入军队，由于战功卓绝被任命为太子舍人，跟随在刘彻左右。刘彻登基之后，就封公孙贺做了太仆，还把卫子夫的姐姐卫君孺嫁给了他，可见刘彻对公孙贺的看重。

而公孙敖，就是那个从馆陶公主手里救出卫青的人，很早开始就一直担任刘彻的骑兵侍从。

卫青的简历是四路将军中最空白的，他出身低微，原本只是平阳公主家的一个骑奴，从来没有上过战场，能在朝廷混个官职，也是沾了姐姐卫子夫的光。可以说，论资历，论名气，卫青都没有任何一条达到标准能担当如此重任。显然，在如此重要的一场战事中，刘彻把卫青安排进来，还让他率领一支军队，目的就是为了让他立功，让他成名。

连接卫青与刘彻的纽带实际上就是卫子夫，刘彻对卫青的偏爱根本上反映出的，是卫子夫在后宫之中的隆宠。可以说，卫青与卫子夫两姐弟的命运是连在一起的，一荣俱荣，一损俱损。卫子夫好，卫青在汉武帝手下就差不到哪里去；卫子夫一旦失去宠爱，那么卫青的政治生涯实际上也就走到尽头了。那么，此刻的卫子夫是什么情况呢?

我们知道，在宫闱之中，最恨卫子夫的，必然是刘彻的皇后陈阿娇。陈阿娇是馆陶公主刘嫖的女儿，生来便是天之骄女，她是刘彻的亲表姐，同时又有“恩”于刘彻，可想而知，这样的女子会有多么骄横。

从历史上来看，汉武帝刘彻的个性是非常霸道的，一个霸道的皇帝，一个骄横的皇后，夫妻关系恐怕很难琴瑟和鸣。

然而对于陈阿娇来说，最致命的还不是她的性格问题，而是她无子。此前也说过，无子是宫闱斗争中的致命伤，即使是皇后，如果没有儿子，地位就永远不会稳固。对于这一点，陈阿娇自己也是非常着急的，据史书记载，她“与医钱凡九千万，欲以求子，然卒无之。”在求子方面，花费了九千万钱，可惜最后依然没怀上。

可是卫子夫，一个小小的歌女，身份低微，却获得了刘彻的宠爱，更令人无法忍受的是，她竟然怀上了刘彻的孩子。这对于无子无宠的阿娇来说是致命的打击，她花费了那么多心思想要获得的东西，一个身份低贱的女人却轻易得到了，她怎么可能接受呢。所以，她甚至和母亲馆陶公主一起意图以谋杀卫子夫的弟弟卫青作为泄愤方式。而她这一无法无天的行为，也最终造成了她与刘彻之间无法弥补的裂痕。

在这件事情之后，陈阿娇不仅没有收敛，反而因为卫子夫的得宠越来越蛮不讲理，堂堂一个皇后，却寻死觅活，又哭又闹，丢尽了皇家的面子，刘彻对这样的陈阿娇就越发厌弃了。

卫子夫和陈阿娇在性格上来说是完全相反的，陈阿娇嚣张跋扈，卫子夫柔顺温良。卫子夫的出现可以说给了刘彻莫大的安慰，在受了陈阿娇十几年的气之后，楚楚可怜的卫子夫无疑能迅速俘获刘彻的心。卫子夫一连为刘彻生了三个女儿，足见隆宠之盛。

在窦太后去世之后，陈阿娇的地位就更是一落千丈了，此时的她，甚至连想见自己的丈夫一面也成了奢侈。在这样的痛苦和绝望中，阿娇做出了一件让她从此万劫不复的愚蠢事情——巫蛊。

中国历代皇室最为忌讳的话题就是巫蛊，但屡禁不绝的也是巫蛊。在高墙重重的宫闱之中，太多空虚寂寞痛苦不堪的女子，她们太柔弱，太空虚也太寂寞，往往只能把自己的希望和仇恨寄托在一些玄妙的东西上，巫蛊就这样侵入了她们脆弱的心房。陈阿娇就是如此，此刻的她痛苦不堪，她无法与丈夫刘彻抗衡，也无法除去眼中钉卫子夫，她甚至不能像其他女人一样，为丈夫生儿育女。她的这些痛苦是再多的钱也无法解决的，于是她将希望寄托在了巫术上。

据记载，当时受到阿娇宠信的，是一个叫做楚服的巫女，这名巫女声称自己能够让男子回心转意，还能够实行咒术让人死亡。为了挽回刘彻的心，为了除去抢走丈夫的女人，阿娇偷偷将楚服召进宫，日夜沉迷于祭祀祝祷，还用木偶诅咒那些受到刘彻宠幸的嫔妃，诅咒得最多的，自然就是卫子夫。

终于，阿娇大行巫蛊的消息败露了，刘彻大怒，作为母仪天下的皇后，竟无视朝廷法令，在皇宫之中大行恶毒的诅咒，所针对的人，还全都是后宫妃嫔，简直滑天下之大稽！如果说此前刘彻对阿娇还顾念些许夫妻情分，那么当此事曝光于天下之际，那些微的情分也必是荡然无存了！

一纸诏书，寥寥数语，陈阿娇被打入长门宫，从此夫妻情绝。

这起巫蛊案的审理者是历史上有名的酷吏张汤，前前后后一共牵连了三百余人。巫女楚服被斩首示众，其首级高悬城门之上，用以警戒世人。

馆陶公主，也就是如今的窦太主刘嫖痛心疾首，向刘彻的姐姐平阳公主哭诉："皇上没有我的帮助，怎么可能走到今天，可现在，他竟忘恩负义，抛弃我的女儿！"

平阳公主听了姑母的哭诉，淡淡地回答说："阿娇被废，是因为她一直没有孩子啊。"

一句话，让窦太主无话可说。

在这后宫之中，卫子夫最大的敌人就是陈皇后，如今，阿娇已从金屋被废长门，阻拦卫子夫步步高升的最大障碍就这样消失了，自此，卫夫人所受之宠爱可谓冠绝后宫。

刘彻对卫子夫宠爱越盛，对卫青自然也就会越看重。当然，卫青并不是卫子夫唯一的亲人，刘彻之所以有培养卫青，提拔卫青的想法，更重要的，还是刘彻对卫青本人非常喜欢。

卫青这个人个性非常谦卑，这主要与他的成长经历有关。此前说过，卫青是私生子，原本跟随父亲生活，但由于父亲家中已经有了正式的妻子和儿子，因此卫青一直备受虐待，无法融入那个家庭，无奈之下才逃回到母亲身边，做了平阳公主府的骑奴。卫青对自己的身世是存有一定的自卑心理的，而对之后自己因沾了姐姐卫子夫的光而侥幸得到的一切，卫青都报以一种感恩戴德的态度，不计较，只感恩。

据记载，有一次卫青在甘泉宫遇到一个囚犯，这个囚犯宣称自己会相面之术，一见到卫青就非拉着他，要给他卜一卦。这个囚犯盯着卫青看了很久，之后突然脸色严肃，郑重地对卫青说：“你这面相不一般，将来必定大富大贵，官至封侯！”这卫青听了却也不见高兴，只平淡地笑了笑，说：“我不过是个家奴，每天不被责罚已经非常满足了，怎么会去妄想这些事情。”

卫青的谦卑实际上与卫子夫的柔顺一样，和刘彻的霸道正好形成一种完美的互补，因此刘彻会喜欢卫青，一点儿也不奇怪。正是由于刘彻的眷顾，毫无经验、履历空白的卫青才直接拿到了征战沙场的“通行证”，得以参与刘彻自“马邑之谋”后首次对匈奴发起的征伐。

此次出兵的结果是非常令人意外的。

我们先说卫青的姐夫公孙贺。公孙贺此次出兵算是运气平平，一路上都非常顺利，但却又太过顺利了，因为这一路上根本就没遇着半个匈奴兵。最终，平平安安去，平平安安回，可惜的是，没有危险的同时也是无功而返。

而卫青的挚友公孙敖呢，运气稍微要差一点，出境没多久就遇到了匈奴部队，而且是一支实力非常强大的匈奴骑兵，或许是匈奴精兵这一类的。结果公孙敖奋战之后，以损失七千骑兵的代价，有惊无险地归来了。

运气最差的，当属名声最盛的“飞将军”李广。李广刚率领部队冲出边境，就直接和匈奴的主力大部队遇上了，不论从人数还是战斗力来说，都是完全没有可比性的。结果，李广毫无悬念地全军覆没，李广本人也成了匈奴人的俘虏。好在李广非常机智，被匈奴抓到的时候就装死，匈奴人以为他快不行了，就把他放在两匹马中间结成的一个网上。等匈奴人放松警惕的时候，李广突然一跃而起，将离自己最近的一个匈奴士兵拉下马背，抢了他的武器和战马，策马而去，九死一生之后才逃回了大汉。

这三路大军可以说都没有为大汉争得半点儿脸面。无功也无过的公孙贺既没有得到奖赏，也无需领受处罚，倒也还算不错，但损兵折将的公孙敖和全军覆没的李广就没那么幸运了，直接被投入了大牢。按照汉朝律法，这二人都是犯了应当斩首的罪责，好在可以用钱银赎回，二人上缴钱银之后才保住了性命，但最终还是失去官职，被贬为庶人。

对比三路大军的不顺，卫青所率领的这一队兵马运气却是出奇的好，他竟一直率军打到了匈奴的王廷所在地龙城，而且在龙城斩杀了七百余人后策马离开。七百余人并不算多，但这场胜利的重点却是在于“直捣龙城”所带来的影响和意义。

龙城是匈奴的政治中心和宗教圣地，相当于是匈奴的首都所在地。汉朝和匈奴几十年的交战中，汉军从来没有成功深入过匈奴腹地。韩安国此前阻止对匈奴作战，其中一条理由就是，匈奴难打，为什么难打呢？不是因为他们强悍，也不是因为他们厉害，是因为找不着他们待的地方，不知道他们在哪儿。卫青这一次的胜利则完全打破了这一“传统认知”，他率领一万骑兵，轻易就闯入了匈奴最核心的地方，这一举动不仅震撼了整个匈奴民族，更重要的是，让汉军士气大增，树立了与匈奴对抗到底的信心！

刘彻大喜过望，虽然他一心想要栽培卫青，但确实没想到，他的第一场战斗就上演了一场完美的个人秀。正如刘彻所期望的那般，卫青自此一战成名。得胜回朝后，刘彻正式下旨，册封卫青为关内侯，属军功爵制二等功，虽无封国但有食邑。

卫青“首秀”的成功主要取决于他的好运气，当然，与他的个人能力也有一定关系。

卫青的运气主要体现在两个方面：一是他率领兵马直捣龙城的过程中，竟然没有遭遇匈奴精锐，而李广非常倒霉的直接碰上了匈奴主力部队，实力悬殊太大，几乎没有任何胜利的可能；二是他竟没有迷失方向，一直抵达了龙城，这简直就是非凡的好运。要知道，从来没有汉军深入过匈奴腹地，这意味着，汉军不可能有任何关于龙城所在地的记载或者指示之类的东西，因此，卫青能到达龙城，那绝对是歪打正着靠运气。

那么卫青的个人能力又体现在哪里呢？主要还是决断问题。卫青找到龙城可能是个意外，但攻打龙城就属于个人的决断。龙城是匈奴的首都，是匈奴人心目中的圣地，攻打龙城不管能杀敌多少，都绝对是个大功绩，不仅能震慑匈奴，同时也能给汉朝鼓舞士气。卫青敏锐地意识到了这一点，所以毫不犹豫地决定，打！可这龙城是匈奴的首都，是最中心的地方，仅仅万余人的部队，卫青怎么就敢毫不犹豫地出击呢？这就体现了卫青出色头脑的第二点。卫青认为，龙城虽然是匈奴的首都，但因为汉军从来没有深入过匈奴腹地，所以匈奴人绝不会想到会有汉军打到这里来，因此在与汉军对垒的时期，龙城反而最可能疏于防范。事实证明，卫青的想法是正确的。

出奇的好运配合出色的头脑，让卫青打响了这意义非凡的一战，获得了一场引人瞩目的胜利，同时也为自己开创了一个光辉灿烂的未来。而就在龙城大捷之后的次年，即元朔元年（公元前 128 年）之际，卫子夫为刘彻生下了第四个孩子，也是刘彻的第一个儿子，皇长子刘据。同年，卫子夫母凭子贵，正式被册封为大汉的皇后。一个小小的歌女，历经漫长的道路，终于飞上枝头成了金凤凰。而原本低微的卫氏家族，也终于照耀进了帝国的荣光。

大将军的为官之道

龙城大捷让卫青证明了自己的实力，从而成功跻身于刘彻开疆拓土计划中的主要队伍，成为了关键的一员。

元朔元年（公元前 128 年）秋天，匈奴单于再次率两万骑兵攻打汉朝，并一举攻入辽西郡，杀死当地太守，抢掠百姓两千余人，此外，匈奴还相继攻入了渔阳郡和雁门郡等地，残忍了抢掠及杀害千余人。韩安国指挥的汉军营地也不幸落入匈奴的包围圈，无奈之下，韩安国只好率军进行东迁，最终驻守北平。数月之后，韩安国病死于战场之上。韩安国死后，为了寻找合适的接班人，刘彻再次起用了此前因出师失利被贬为庶民的“飞将军”李广，让他率军驻守右北平抵御匈奴，任职右北平太守。

匈奴的所作所为让刘彻非常愤怒，他决定再一次出兵讨伐匈奴，务必让匈奴人见识大汉军威。于是，刘彻即刻下令卫青领车骑将军之职，率三万骑兵由雁门郡出发，并与由代地赶来的李息将军汇合，共同夹击匈奴。此次战争中，卫青率部斩杀数千余匈奴士兵，再次立下战功，史称“雁门之战”。

这场战役规模虽然不大，但却明显地透露出了刘彻在其后的政治安排。首先，参与此次战役的两位将领，一个是卫青，一个是李息，都是非常年轻，资历很浅的将领，可见，刘彻已经开始有意培养新人，并决定重用这些新人来组成自己开疆拓土的重要班子成员。此外，在兵力分配方面，此次卫青率领的兵马人数足足比龙城之战多出三倍，可见此时的刘彻对卫青的能力已经抱持肯定态度，同时也非常信任卫青。

元朔二年（公元前 127 年），为报雁门之仇，匈奴单于又再一次率军大肆攻入汉境，从辽西一路打到了上谷、渔阳等郡，在抵抗中，辽西太守不幸丧命，匈奴人再次抢掠百姓两千余人。刘彻非常愤怒，再次派出李息和卫青“组合”出战。李息和上次一样，依旧率军由代地出发，卫青则率军攻打匈奴盘踞的河套地区。

在这场战役中，卫青勘测地形之后，决定以迂回的方式打匈奴个措手不及。他率军西行，一直绕到了匈奴的后方，在匈奴人完全没有察觉的情况下发起攻击，并迅速占领高阙，切断了留守河套地区的匈奴军与出兵攻打大汉的匈奴单于大军的联系。接着，卫青又派遣精锐部队前往陇西县，将留守河套地区的匈奴领袖白羊王和楼烦王包围，并成功俘虏匈奴兵数千，抢夺牲畜近百万，河套地区自此落入了汉王朝手中。正是这场巨大的胜利促进了之后朔方郡的建设。卫青再次立了大功，一回朝就被加封为长平侯，食邑增至三千八百户。

失去河套地区后，匈奴人对汉王朝更加仇恨了，匈奴右贤王还因此多次率兵对汉境进行骚扰，导致百姓难以安居乐业。刘彻十分恼火，于元朔五年（公元前 124 年）再次集结兵马十万，准备与匈奴展开一场乾坤之战。

在这场大战中，卫青被任命为车骑将军，率领三万兵马从高阙出发。此外，卫尉苏建被任命为游击将军，太仆公孙贺被任命为骑将军，左内史李沮为强弩将军，代相李蔡为轻车将军，这四路兵马都将听从车骑将军卫青调遣。另外，刘彻还安排了大行李息和岸头侯张次功为将军，各率一路兵马，从右北平出发，配合卫青攻打匈奴。

汉军出发之后，当时的匈奴右贤王却不以为然，依旧纵情酒色，毫不关心战事。在匈奴右贤王看来，汉军离自己还有十万八千里，从出发到抵达战场，怎么也还需要很长一段时间，自己完全可以轻轻松松，慢慢悠悠地进行部署。但没想到的是，在卫青的命令下，汉军日夜兼程朝匈奴右贤王大营赶，比正常的抵达时间快了好几天。

汉军抵达匈奴大营前时，天色已经完全黑了，在夜色的掩护下，卫青率部突然对匈奴大营发动攻击，匈奴右贤王大惊失色，一时之间竟反应不过来究竟发生了什么事情，直到手下人前来掩护，匈奴右贤王才狼狈不堪地跟随手下人突围而出，向北方逃窜去了。在这场战役中，由于卫青用兵出其不意，汉军在极短时间内就一举攻破匈奴大营，并俘虏匈奴将领十余人，男女族众一万五千余人，还有近百万头的牲畜。

这次胜利让刘彻乐不可支，卫青的军队才刚回到汉境边塞，就收到了刘彻派来的使臣，当场册封卫青为大将军，并带来了大将军的印信。回朝后不久，刘彻又再次颁布诏令，加封卫青食邑八千七百户，并且将他尚在襁褓中的三个儿子卫伉、卫不疑和卫登都封了侯。

卫青受宠若惊，坚决推辞这一封赏，并对刘彻说道："若不是仰仗陛下的眷顾，我怎么可能有机会在军中为国效力啊，这场战争之所以能获得胜利，主要还是源于各个将领的紧密合作。现在陛下你已经加封了我的食邑，就不要再封我的儿子们了，他们还是襁褓中的孩童，根本没有任何功劳，就这样得到陛下的封赏，实在是违背臣保家卫国的本意啊。"

听完卫青的话，刘彻知道他在给其他将士要封赏，于是赶紧说道："朕自然不会忘记其他将士的功劳，封赏很快就会到了。"随后，刘彻果然下令，册封军都尉公孙敖为合骑侯；都尉韩说为龙侯，李蔡为乐安侯，公孙贺为南侯，赵不虞为随成侯，校尉李朔为涉积侯，公孙戎奴为从平侯，还有李息、李沮还有校尉豆如意等人也都相继被封侯。

官拜大将军之后，卫青登上了人生的政治巅峰，刘彻在当时对卫青的宠幸可以说超过当朝任何一位大臣。当时，朝廷之中三公九卿及以下的官员，几乎都要对卫青行叩拜之礼。

卫青荣耀加身的时候已经有了三个在襁褓中的儿子，但这三个孩子的母亲是什么人家、什么情况，史书上竟无任何记载。但至少可以推测，孩子的母亲此刻应该是和卫青分开的，不管是死了，或是结束婚姻关系了，总之二人肯定没在一块。因为不久之后，一门富贵逼人的婚事就送上门了。

这场婚事的女主角是刘彻的姐姐平阳公主，当时正寡居京城。平阳公主之前嫁给了开国功臣曹参的曾孙曹寿，还生了一个儿子曹襄。后曹寿患病，平阳公主就和他离了婚返回京师，并打算在列侯之中选择一个新丈夫。当时，很快有人把卫青提出来了，听到卫青的名字，这平阳公主就笑了，说："这个卫青原本是我家里的骑奴，以前常常服侍我进出，如今怎么能让他做我的丈夫啊?"

左右的人听了公主的话后，却都纷纷劝说公主，这卫青已经今非昔比，不仅官拜当朝大将军，连三个不会走路的儿子都已经是列侯了，前途实在不可限量。最后，在众人的怂恿下，平阳公主果然下嫁卫青。

如此一来，亲姐姐是皇后，老婆是公主，自己是大将军，卫青的地位已经显赫得无以复加。但俗话说"高处不胜寒"，你站得越高，距离危险也就越近，不慎摔落时受的伤也就越重。

刘彻和卫青的关系是非常微妙的，起初，刘彻信任卫青，培养卫青，赋予他权力与地位。但随着卫青名声的壮大，地位的提升，刘彻却又开始提防卫青。这实际上也不难理解，归结起来不过最忌讳的四个字：功高震主。

那么，劳苦功高的大将军卫青在身居高位之后，会以怎样的姿态在朝廷之中出现呢? 他又会不会犯下"恃宠生娇"的致命错误? 我们可以从卫青官拜大将军之后发生的几件事情来寻找一下答案。

在朝堂上，当所有人都争抢着拍卫青马屁的时候，只有一个大臣对卫青不冷不热，见着他打招呼也都是行平辈之间的普通礼仪，这个人就是直臣汲黯。汲黯这个人我们知道，是非常执拗的，连皇上都不放在眼里，更何况卫青。但朝廷里还是有人好心地劝告了汲黯一句，说："这大将军地位这么尊崇，你见着他也不好好行礼，这实在有悖皇上的意思。"

谁知汲黯听完之后，不仅不感谢这个大臣的提点，反而冷硬地回答说:“难道有一个人不对大将军行跪拜之礼，他的地位就会不尊贵吗?”

这件事后来被卫青知道了，卫青不仅没有生气，反而大大称赞了汲黯一番，说他是个非常有见地有思想的人物。之后，卫青但凡是遇到汲黯，都会表现得谦恭尊敬，有时遇到不好决断的事情，还会主动去请教汲黯。

从这件事我们可以看出，大将军卫青在同事关系方面采取的态度是“仁善退让”、“谦恭谨慎”，从没有仗势欺人的行为。

元朔六年（公元前 123 年）的时候，也就是卫青做大将军的第二年，他的部下苏建在阴山北麓之战中失利，最后只有自己一个人活着逃了回来。按照当时的情况，卫青是可以直接处罚苏建的，但他却没有这么做，而是把苏建交给了朝廷。卫青说:“虽然我有权力处置爱将，但我依然不敢擅作主张，这事最终还是要看皇上的圣裁。”最后，刘彻对苏建实行了宽大处理，只剥夺了他的官衔，留了他一条命。

从此事我们可以看出卫青的小心谨慎，即便在完全可以做主的情况下，他也依然不敢有自己的“意见”和“裁决”，而是将这个大权坚定不移地交到刘彻手中。卫青是非常聪明的，他的这一行为不仅仅能消除刘彻对他的戒心，同时也变相地救了苏建一命。

我们不知道，卫大将军小心谨慎的为官之道，究竟是源自于其天生的性格，还是因为早已经把汉武帝刘彻摸得透彻。但无论如何，这种小心谨慎确实无数次地救了卫青的命，让卫青能够平平安安地生活在刘彻的身边。

少年战神

人们常常用太阳来比喻君王，因为太阳是明亮的，是引人瞩目的，是高高在上的，更为重要的一点是，在这广袤的天空里，永远只会有一个太阳。但此时，在西汉的天空里，大将军卫青的光芒却日渐灿烂，即便他一直谦恭谨慎，小心翼翼，但他的光辉依然还是引起了刘彻的注意与不满。但卫青身上承载的，是刘彻平定匈奴，开边置郡的政治理想，刘彻不能放弃卫青，也不能阻止他在卓绝战功下日益闪亮的光芒。而就在这个特别矛盾的时候，另一个能够承载刘彻理想的人物出场了。

元朔六年（公元前 123 年），卫青曾在二月及四月分别出兵攻打匈奴，当时参战的还有出使西域归来的功臣张骞，以及中将军公孙敖、左将军孙贺、右将军苏建、前将军赵信、后将军李广、强弩将军李沮等人，另外，在军中还有一个身份十分特殊的年轻人，他叫霍去病，是大将军卫青的外甥。

卫青的姐姐卫少儿在平阳公主府做侍女期间，曾与平阳县的一个名叫霍仲儒的小吏私通，并生下一个孩子，这个孩子就是霍去病。当时，霍仲儒担心平阳公主怪罪自己，于是拒不承认霍去病是自己的儿子，不久之后更是匆忙娶妻生子，和卫少儿撇清关系。因此，霍去病其实和卫青一样，也算是“私生子”。但从际遇上来说，霍去病显然比卫青要好得多。

卫少儿虽然也遭遇了被情郎抛弃的惨况，但由于卫子夫意外得到皇帝宠幸，她的日子也随之而变得富足得多，因此，从出生时候开始，霍去病实际上就没有吃过什么苦，生活十分富足。根据史书记载，霍去病十八岁就做了刘彻的侍从，且精于骑射。可见在这个方面，霍去病应该是从小就受过系统训练的，比只能靠自己去战场上摸索的卫青要强得多。

刘彻是非常喜欢霍去病的，就仿佛喜欢曾经的卫青一样，因此，刘彻也直接给了霍去病一张直通沙场的“通行证”，让他以嫖姚校尉的身份跟随卫青于元朔六年出征匈奴。

首次出兵，卫青就给了霍去病一个立大功的机会，让他率八百骑兵作为先锋部队突袭匈奴。霍去病非常勇猛，果然不负卫青所望，在此次出战中共斩杀匈奴军两千余人，其中包括了匈奴单于的祖父籍若侯产（匈奴单于祖父名叫产，籍若侯是其封号）以及当时匈奴中的许多高官。此外，霍去病还俘虏了单于的叔父罗姑比。

霍去病的辉煌战绩传到京城，刘彻欣喜若狂，立即下旨以一千六百户封赏霍去病为冠军侯。这个爵号是刘彻专门设立的，意思是“勇冠三军”。

就在霍去病大放光彩地走上崛起之路时，卫青的光芒却逐渐开始暗淡下去，在这一年与匈奴的交战中，卫青始终战绩平平，不曾再有什么突破，而刘彻也仅仅以千金作为卫青的赏赐，而不曾再给他任何加官晋爵。

元狩二年（公元前 121 年）的时候，刘彻以霍去病为骁骑将军，分别于春季和夏季两次领兵攻打匈奴，霍去病再立大功，两次战役共歼灭敌军四万余人，并成功将五名匈奴王及其王母、单于阏氏、王子还有相国、将军等共一百二十余人俘虏。同年秋，匈奴浑邪王归降，刘彻又派出霍去病去迎接。在迎接途中，浑邪王手下的匈奴士兵突然发生暴动，霍去病立即作出反应，镇压叛乱士兵，稳定局势，再记一功。

仅仅这一年之中，霍去病就曾三次出兵攻打匈奴，且都获得大胜，刘彻对他的荣宠到达了登峰造极的地步。而骁勇的霍去病也为汉朝从匈奴手中夺取了河西地区的大片土地，据说当时，匈奴人因此而悲歌："失我祁连山，使我六畜不蕃息；失我焉支山，使我嫁妇无颜色。"

相比霍去病数次出征匈奴，在这一年里卫青却没有任何动作。很显然，刘彻此举是有意培养霍去病，让他逐步取代卫青，抑制卫青的权力。在霍去病出现之前，朝中军权几乎都掌握在卫青一人手中，而现在，霍去病崛起了，短短数年间，其地位竟几乎能够与卫青相抗衡。

卫青是个聪明人，很快就察觉到了刘彻对自己的打压。面对这一切，卫青做出了非常令人意外的举动。此前说过，元朔六年，由于卫青战绩平平，刘彻只以千金赏赐过他。当时，卫青在拿到这千金之后，将其中的五百金拿出，赠与了刘彻的宠姬王夫人的双亲作为贺寿礼。五百金贺寿，出手如此阔绰，实际上与贿赂无异。

老实巴交的卫青当然不会自己想出这个主意，给卫青出主意的人叫宁乘。宁乘当时是这么对卫青说的，他说："大将军，你的军功其实算不上特别多，但是今天却能安享富贵，三位公子还都封为列侯，这主要还是沾了卫皇后的光。现在这皇上非常宠爱王夫人，但王夫人的亲戚可就没你那么风光了。你何不做做顺水人情，把皇上给你的赏赐拿出点来给王夫人的双亲贺寿，做做人情呢?”

卫青为什么会听从宁乘的劝告，当真去贿赂王夫人呢？这其实透露出了一个非常重要的信息：卫子夫失宠了。

这是非常显而易见的，如果卫子夫依然和从前一样得宠，那么卫青是根本没必要去贿赂别的妃嫔的，卫子夫是高高在上的皇后，要贿赂讨好，也应该是别人来讨好她。可卫青这么做了，理由就只可能是一个，卫子夫失宠了。

那么这个王夫人又是谁呢？据司马迁的记载，王夫人曾经是和卫子夫一起得到刘彻宠爱的，但后来，卫子夫做了皇后几年之后就年老色衰了，于是这个王夫人就成为了刘彻的专宠。这样一来一切也就都顺理成章了，我们也就能够理解，为什么一直对卫青信赖有加的汉武帝刘彻会突然之间开始处处提防、抑制卫青，甚至迫不及待地开始培养新的“战神”来做卫青的“接班人”，这一切与卫子夫的失宠都是脱不了干系的。

对于卫青贿赂这件事，刘彻一开始是非常难以置信的。据说当时王夫人把这件事告诉刘彻的时候，刘彻大吃一惊，说道：“大将军根本不是干这种事的人！”

然后刘彻立马就去找卫青求证了，卫青倒也坦荡，直接承认，是自己干了，顺便还告诉刘彻，是宁乘教自己这么干的。结果呢，刘彻不但不生气，而且还很高兴，一高兴，就把那个宁乘给提拔成东海郡都尉了。可见，刘彻非常赞成卫青的贿赂行为，这也反映出当时的刘彻确实是十分宠爱这位王夫人的。

元狩四年（公元前 119 年）的春天，刘彻决定再一次出兵攻打匈奴，这一次，刘彻让卫青和霍去病共同出场，似乎有意让这二人“一决雌雄”。在这次出战中，刘彻做出的战略方针和人员配置非常耐人寻味。

据记载：“元狩四年春，上令大将军青、骠骑将军去病，将各五万骑，步兵转者踵军数十方。而敢力战深入之士，皆属骠骑。骠骑始为出定襄，当单于。捕掳言单于东，乃更令骠骑出代郡，令大将军出定襄。”首先，“各五万骑”，这点很公平，每人率领骑兵五万，但再看下去，“而敢力战深入之士，皆属骠骑”，这就有问题了，勇猛能打的，都是霍去病率领的那五万骑兵里头的，这说明刘彻给卫青的是五万普通骑兵，但给霍去病的呢，却是五万精锐骑兵。这普通骑兵和精锐骑兵之间的战斗力差值是相当大的，这是一个很大的不公平。我们再看战略方针，原本定下的作战路线，骠骑将军霍去病应该率军从定襄出发去打匈奴单于。但后来呢，抓到了一个俘虏，这个俘虏说，单于在东边呢。结果刘彻立马改了战略路线，让霍去病改为从代郡出发，把卫青给弄去定襄了。从地理位置上来说，定襄在西边，代郡在东边。显然，这是赤裸裸的不公平。刘彻不仅仅是要让这舅甥二人“一决雌雄”，更重要的是，他要让霍去病成为这场“角逐”中的胜利者。

最终，正如刘彻所预期的那般，霍去病在这场战役中取得了辉煌的成功。他所率领的军队一直将匈奴追击到了狼居胥山，共歼灭敌军七万余人，俘虏三名匈奴王，以及相国、将军、都尉等高官八十余人。取得辉煌胜利之后，霍去病在狼居胥山举行了祭天封礼，又在姑衍山举行了祭地禅礼，成功将匈奴逼至漠北一带。这是汉军打击匈奴所抵达的最遥远的一次，是一次历史性的伟大胜利。刘彻非常满意霍去病的功绩，当即下旨加封他五千八百户食邑，跟随霍去病出征的将士也都获得了丰厚的赏赐。

卫青在这场战役中也打了非常漂亮的一仗，以弱胜强，顺利凯旋，但刘彻却以其未能俘虏单于为由，没有对卫青全军上下进行任何封赏。

同年，卫青与霍去病共同担任大司马一职，两人在朝廷中几乎地位相当。少年得志的霍去病，仅仅数年之间就权倾朝野，足以与卫青抗衡，刘彻偏袒之心昭然若揭。那些曾经拥护卫青的人也都敏锐地意识到了皇帝的偏袒，迅速转而投靠到霍去病麾下。

霍去病的崛起是对卫青的打压，但对于卫氏一族来说，却不见得是件坏事。

元狩元年（公元前 122 年）之际，刘彻将嫡长子刘据正式立为太子。但后来，卫子夫却失宠了，她的失宠让人不禁开始担忧，刘据的太子之位是否能够稳固。

霍去病是卫青的外甥，自然也就是卫子夫的外甥，刘据就是霍去病的表弟，说来说去怎么都是一家人，既然是一家人，利益方面当然也是一致的。为了稳固表弟的太子之位，元狩六年（公元前 117 年）之际，霍去病突然率群臣上书刘彻，建议册封皇子刘闳、刘旦和刘胥为诸侯王，理由很简单，这三个皇子年纪都到了，也该册封一下了。按照当时的律法，这皇子被册封为诸侯王之后，是要赶紧去封地上任的，不能久留京城。霍去病这么热心，这么着急册封诸侯王的事情，说白了，还是想赶紧把其他皇子都赶出权力中心长安，让他们失去争夺刘据储君之位的任何机会。

据说在霍去病上奏之后，刘彻跑去和王夫人商量，问她说：“你想让儿子的封地在哪里啊?"当时王夫人正生着病，柔柔弱弱地推辞说:"这事儿我说了不算，看皇上你的意思。"刘彻又继续追问说:"那你是怎么希望的呢?"王夫人想了想，脱口而出两个字:"洛阳。"刘彻摇摇头:"洛阳不行。洛阳是天下要冲之地，从来没有任何一个皇子封过洛阳。除了洛阳，其他地方都可以。"王夫人不说话了。刘彻想来想去之后，安慰她说:"我看就封去齐国吧，这齐国啊是全天下土地最肥沃的地方啦!"

可见，刘彻对王夫人，确实是宠爱有加。王夫人提出想将儿子封在洛阳，可见其心中必然存在一定的欲望和野心。然而红颜薄命，王夫人最终也没能成为搅乱大汉天下的"祸水"。

这一年，皇子刘闳正式被册封为齐王，刘旦正式被册封为燕王，刘胥正式被册封为广陵王。不久后，王夫人病逝，而齐王刘闳也于被封八年之后病逝，无后，国除。

就在奏请为诸皇子封侯的那一年，霍去病也因病去世了，年仅二十四岁。刘彻非常伤痛，下令将霍去病葬于茂陵，谥号景桓侯，并专门令人将霍去病的坟冢以祁连山的模样进行修建，以此彰显其为大汉立下的汗马功劳。

霍去病死后，由于种种原因，刘彻再没有对匈奴发动过战争。而大将军卫青呢?自从刘彻不再与匈奴开战之后，便赋闲在家，整整闲居十四年，直至元封五年（公元前 106 年）时病逝，谥号烈侯。为了纪念卫青的彪炳战功，刘彻同样令人在茂陵东北方为卫青修建了一座特殊的坟冢，形状恰似阴山。卫青死后，其三个儿子也都因为各自的原因相继失去侯位，显赫一时的卫氏家族逐渐褪去颜色，消失在历史的长河里。

“飞将军”的末路

卫青与霍去病是汉武帝国最闪耀的“战神”，他们征战沙场，抗击匈奴，为大汉天下的安宁付出了不可磨灭的功绩。但在汉武帝国，除了这对耀眼的双子星之外，还有一个同样名满天下的“战神”级人物，他就是有“飞将军”之称的李广。与他们不同的是，李广的一生，给世人留下的，更多的是悲悯与叹息。

闻名天下的《滕王阁序》中曾如此感慨：“嗟乎！时运不齐，命运多舛，冯唐易老，李广难封……”李广的一生确实多舛，终生都在与匈奴抗争，也曾名满天下，也曾意气风发，却至死都没有得到一个对自己功勋肯定的机会——封侯拜相，实在令人扼腕叹息。

元狩四年（公元前 119 年）之际，刘彻集结十万精锐部队，决定深入漠北，给予匈奴致命一击。当时李广将军已年过六旬，这很可能将是他人生最后一次上战场的机会，因此，李广屡次向皇帝自荐，请求出征。起先，刘彻并不想让李广出征，主要考虑到将军年迈，这一去是什么情况，谁也说不清楚。但李广一再要求，无奈之下，刘彻只得点头同意，任命他为前将军。临行之前，刘彻也没忘记叮嘱此次的总指挥，大将军卫青，对他说：“李广将军吧，年纪也大了，况且他向来运气不太好，千万不要让他和匈奴军正面交战，以免误事。”

李广年纪大了，刘彻担忧他身体不行，这是非常正常的，但为什么还着重强调了他运气不好呢？他的运气真的不好吗？事实上，确实如此。

李广的个人能力是非常强的，箭准如神，精通骑射，是个非常厉害的人，据说曾经有一次，他跟随汉文帝一块出去，汉文帝想起他以往种种英勇的表现，还曾感慨：“真是可惜，如果你生在了高祖皇帝的年代，那必然是能封个万户侯的！”

到了景帝时期，李广在七国之乱时以骁骑都尉的身份在周亚夫麾下作战，因为夺取了叛军的军旗而立功，并且自此声名远播。但可惜的是，李广当时没看清形势，不知道景帝与梁王刘武之间的纠葛，竟然接了梁王授予他的将军印。结果在班师回朝之后，景帝知道了这事，就没有再给李广论功行赏了，只把他调任去了上谷做太守。在上谷任职期间，匈奴屡屡进犯，李广数次率部与匈奴展开激战。当时汉朝负责协调朝廷和各个属国关系的官员叫做典属国，那个时候任职典属国的是一个叫公孙昆邪的人，这个人非常欣赏李广，认为李广十分有才华，看到他屡屡和匈奴搏命，感到非常担忧，便去向景帝哭诉说：“这个李广才气无双啊，要是因为和匈奴屡屡激战不幸罹难，那实在是太可惜了！”在公孙昆邪的游说下，景帝于是下令，将李广调任到了上郡。之后，李广又相继在陵西、雁门、代地以及云中等地区担任过太守的职务。但不管李广在哪里任职，必然都会让匈奴占去什么便宜。

李广在上郡任太守的时候曾经发生过这么一件事。一次，匈奴大举侵入上郡，景帝非常担忧，就派了一个宦官去做监军，看看李广和他军队的情况。宦官去了李广驻地之后，有一天带着几十个随从出去，结果遇着了三个匈奴人，宦官一看，依仗自己人多，于是下令要把这三个匈奴人给活捉了。可没想到的是，这三个人非常勇猛，箭术又奇准，三下五除二把宦官和随从们打了个落花流水，这宦官受了伤，吓坏了，赶紧拔腿就跑。回到驻地之后，宦官赶紧把情况向李广汇报了，李广一听宦官的形容就知道，这三人肯定是匈奴的射雕手。射雕手指得就是匈奴人中箭术最精湛的大力勇士。于是李广赶紧翻身上马，领着一百多个随从就朝着宦官说的方向去追了。由于那三个匈奴人没有骑马，李广很快就追到了他们。一见到那三人，李广还骑在马背上，便接连射出两箭，杀死了两个人，随后，在李广指挥下，随从四面包抄，把最后这个剩下的匈奴人给俘虏了。

然而，就在李广一行人决定策马回驻地的时候，却突然看到，前方出现了数千名的匈奴骑兵，众人都慌了，这一百多个人，再怎么勇猛，怕是也难以和几千个匈奴兵抗衡吧。就在这个时候，李广突然示意众人停了下来，对他们说道："别慌，我们现在跑，肯定跑不了，这地方离驻地还有几十里，太远了。倒不如我们假装镇定地留下来，故布疑阵，让这些匈奴人产生疑心，以为我们是诱饵，附近已经埋伏了军队。只要他们产生怀疑了，必然不敢贸然进攻，到时候我们才有机会活命。"

在李广的指挥下，众人停了下来，跟在李广身后朝匈奴大军走了过去，大约在距离匈奴人二里地的时候突然停下，全部下马休息。当时每个人心里都害怕得要死，但实在没有别的办法，只好学着李广的样子，假装镇定。

匈奴人一看，果然产生了怀疑，这李广领的人那么少，但是却不跑，恐怕这其中有诈啊！想来想去，为了保险起见，匈奴人派出了一小支部队去试探试探，李广一声令下，十几个骑兵翻身上马，跟着他一起冲出去，把这支前来试探的小分队杀了个片甲不留，然后又返回了原地，一屁股坐在草地上，一副悠闲的样子。这匈奴人一看，实在拿不准他们的意图，就这样一直踌躇不前，到天色渐晚的时候，匈奴大军担忧汉军突然偷袭他们，于是悄悄撤退了。匈奴人就这样失去了一次俘虏李广的大好机会。

在刘彻继位之后，曾经想要重用李广，便将他召进宫里做了未央宫的禁卫军长官。当时和李广一起被召进宫的，还有担任长乐宫禁卫军长官的程不识。

程不识也是非常有名的将领，在当时算是和李广齐名。但这两个人在治军方面的风格和意见却是完全不同。程不识是个非常严谨的人，治军也是出了名的严谨，他有一套非常严格的纪律应用在军队里，每逢出战，将士必定人不卸甲，马不解鞍，以保证随时能够应变突发状况。程不识的军队主要以步兵为主，行军缓慢，但却坚固如堡垒。在和匈奴作战的过程中，程不识从来没有取得过辉煌的胜利，但同样的，也从来没有让匈奴人从手中得到过什么好处，可以说是战而不败的稳定型将领。

李广的作风则完全和程不识背道而驰，他所率领的军队根本不知纪律为何物，行军打仗向来不拘一格。李广凝聚人心的绝招是恩义而不是纪律，因此李广所率领的将士关系都比较融洽。在行军打仗的时候，李广向来不会事先定出详尽的计划，部队的灵活性和机动性非常强。这一风格使得李广打仗就好像赌博一般，不是大胜就是大败，战绩虽然辉煌，但实在是不稳定。

刘彻一朝对待匈奴的态度与此前数位先帝都是不一样的，刘彻主战。这就意味着，李广将在战场上获得更多的机会，建立自己的丰功伟业。可他没想到的是，伴随着机会而来的，却是一次又一次的霉运。

元光二年（公元前133年），刘彻第一次决定对匈奴用兵，也就是历史上著名的“马邑之谋”，结果消息败露，单于撤退，李广无功而返。

元光六年（公元前129年），李广再上战场，与卫青、公孙敖和公孙贺等人一起出兵攻打匈奴。结果，兵分四路之后，唯独只有李广率领的这支部队和匈奴主力大军遭遇了，全军覆没，李广还险些身死沙场，最后凭借超强的能力，九死一生捡回一条命。

元朔六年（公元前123年），李广再次跟随大将军卫青出征，这一次卫青的部队虽然获得了胜利，但当时，正是刘彻有意培养霍去病，打压卫青的时期，因此刘彻以未能俘虏匈奴单于为由，没有对卫青部队的将士进行任何嘉奖。

元狩三年（公元前120年），时任郎中令的李广再次率军从右北平出发攻打匈奴，博望侯张骞则率领万余骑兵，兵分两路与李广军会合。然而，李广的部队很不幸地落入了匈奴左贤王的大军包围中，当时匈奴军有四万余人，而李广军不过四千余人，双方军队人数相差十倍之多。李广部下的士兵们都吓坏了，认为这次必死无疑，为了激励士气，李广让儿子李敢率领几十个骑兵，策马冲入敌军阵营，溜了一圈之后再返回。回来后，李敢对众人说道:“这匈奴人实在是太容易对付了!”见李敢的雄姿，士兵们才渐渐镇定下来，在李广的指挥下组成圆形兵阵，朝向四面八方对敌军放箭。顽抗许久之后，汉军死伤过半，箭矢也基本上快要耗尽了，眼看情势越发危急。李广突然下令，让众将士拉满弓，但暂时不要放箭，然后李广自己翻身上马，抬起了自己的大黄弩弓，朝着几个匈奴副将射出，一箭一个，精准地将这些人全部射死。匈奴人震撼非常，因畏惧李广而逐渐散开。关键时刻，张骞带领的援军终于赶到了，这才让李广得以解围。回朝之后，李广又一次与封赏无缘，功过相抵。

到元狩四年（公元前 119 年）的时候，李广已经年过六旬了，漠北之战很可能将会是他人生的最后一战。如果这次战役中再不能有所作为，李广将会永远失去封侯的机会，这对于他而言，将是永远的遗憾。可在这场战役中，刘彻并没有为他准备舞台，这是一场以霍去病为主角，卫青为配角的表演秀。

汉军出边境后不久，卫青就从匈奴俘虏口中打听到了匈奴单于的驻地，回想起此前刘彻曾交代，尽量不要让李广独自面对敌军，于是卫青在带兵追击之前，下令将李广的队伍和右将军赵食其的队伍合并了，令其一直向东边追。

东路出击路线非常迂回，恐怕很难有机会和匈奴正面交锋，如果没有这场交锋，那岂不是又将再次错过封侯的机会了吗？但对李广来说，这场战役具有非凡的意义，他绝不能同意这一作战方略。

卫青有这样的安排，确实是故意想让李广避开匈奴军：一则是来自刘彻的交代；二则也是出于自己的私心，想要将担任前锋的机会留给自己的至交好友公孙敖。最后，当然还是卫青胜利了，他是大将军，是调兵遣将的总负责人，只要他不松口，李广再怎么不愿意也是枉然。

因为这件事，李广心里充满了怨气，没有向卫青交代一声，就负气带着军队出发与右将军赵食其会合。但这个时候，李广的坏运气又再次发挥功效了，由于没有向导，李广的军队竟在茫茫的大漠中迷失了方向，几番周折之后才找到抵达战场的路。但这个时候已经晚了，匈奴单于已经逃走，卫青的军队也获得了胜利。

对于此事，卫青并未为难李广，反而派人给他送了酒和干粮，顺便打听军队迷路的详细情况，以便向朝廷进行汇报。这个时候李广却更怨恨卫青了，对他的询问不发一言，不肯作出任何解释。卫青也知道李广对自己有意见，只好让他自己向朝廷的官吏去说明情况，李广悲愤交加，慷慨激昂地说道："我与匈奴大大小小七十余战，今天原本有幸跟随大将军与匈奴单于交兵，但大将军却又临时改变我的行军路线，我又在行军之中不慎迷失了方向，这是天都不帮我啊！现在我已经年过六旬了，怎么能再面对这些刀笔吏的侮辱啊！"

说完后，李广老泪纵横，突然引刀自刎，用自己的死向命运的不公作出了无声的抗议。

不得不说，"飞将军"李广确实是天纵奇才，但此人恃才傲物，没有章法，行军打仗也不讲究计划，常常涉险冒进，致使其战绩时常是大起大落，甚至失败比胜利的次数还要多。李广以往的表现，无论从哪方面来看，都实在是靠不住。而漠北之战对于刘彻是意义非凡的，从登基的时候开始，他就一直等待着这一场与匈奴决一死战的战役，因此，这场胜利，刘彻是志在必得。为了整个战局，刘彻不能容忍任何一点儿风险和失败的可能，因此，这场战争注定了不会是李广封侯的舞台。

李广死后，李广的儿子李敢一度对卫青恨之入骨，有一次，他找了个机会去偷袭卫青，结果使得卫青受了伤。卫青为人敦厚，不愿因此而责备李敢，偷偷隐瞒下了这件事。但霍去病还是知道了这件事，为了给卫青出口气，霍去病趁着甘泉宫狩猎的机会，一箭把李敢射死了。刘彻非常宠爱霍去病，得知此事后不愿治霍去病的罪，便对外宣称，说李敢是在狩猎的过程中，不小心被鹿撞死的。

一代将军李广就这样走完了中国历史上让无数人为之感慨唏嘘的一生，勇猛过人，箭准如神，怎奈却天不眷顾，终究是"李广难封"啊。

第八章

经营西域

在汉朝之前，人们对西域的了解很少。甚至连朝廷也不知道除了匈奴之外，西域到底是怎样一番形势。张骞两次出使西域，都是为了在西域国家中寻求盟友，联合起来抗击匈奴，张骞的西域之行虽然没有完全达成目标，但收获还是有的，他为汉朝带来了经营西域的钥匙，同时他开辟的丝绸之路也大大促进了东西方文化的交流，可谓功在千秋。

张骞的报告

在汉朝之前，西域一直是一个神秘的地带，甚至在不同的史书记载中，所指的区域也都不太相同。而汉武帝派遣张骞出使西域的举措，不仅打通了汉朝通往西域的道路，同时也将汉朝势力范围大大扩张。但有趣的是，张骞最初出使西域，并没有这一打算。

张骞第一次出使西域；实际上与匈奴大有关系。我们知道，匈奴一直是大汉的心腹大患，在汉武帝之前，西汉对匈奴的政策偏向于求和，而非战争。但自刘彻登基之后，一切都有了根本上的改变，这个志在开疆拓土的皇帝，其性格中存有的傲气不允许大汉对待匈奴像过去那样年年进贡，甚至牺牲皇家女儿进行和亲。刘彻一心想的是击溃匈奴，用武力征服这个民族，从而开创一个真正强大的帝国。

当时汉朝的经济随着文景二帝的休养生息政策已经得到了长久而充足的发展，大汉国力渐强，和过去已经不可同日而语。刘彻也一直摩拳擦掌地等待时机。

没过多久，刘彻就从一个匈奴战俘口中得到了有利的消息，这名战俘交代说，匈奴的老上单于在敦煌、祁连两地连续数次击败大月氏，大月氏无奈之下只好逃到伊犁建国。十三年后，老上单于再次攻打大月氏，将大月氏的国王杀死，还残忍地将他的头骨做成酒碗。大月氏跟匈奴之间可以说是血海深仇，但因为势单力薄，没有人一起攻打匈奴，大月氏只好一直忍气吞声。

听到这个消息，刘彻喜出望外，这意味着，大汉很可能将会拥有一个盟友，共同来对抗匈奴。只要能成功与大月氏结盟，那么击溃匈奴也就指日可待了。于是，刘彻正式开始向全国发起“招聘”，寻找愿意代表帝国出使西域的勇者。

很快就有人来应募了，这个人不是别人，正是汉武帝的侍从张骞。张骞本是汉中固县人，从汉武帝即位开始就在宫中做郎官。郎官从官位上来说并不高，但最大的优势在于能够常常见到皇帝，见皇帝的机会多了，得到赏识的可能性自然也就比一般人要大得多，而一旦得到皇帝的赏识，当然就会平步青云，官运亨通。

张骞很快得到了西域使者的官位，开始了他外交家的生活。在建元三年（公元前 138 年）时，以张骞和堂邑父为首的百人使团开始从陇西出发，前往大月氏。但当使团路过盐泽的时候，却不幸被匈奴抓获，张骞被直接押送到了单于所在的地方。

当时匈奴的单于是军臣单于，军臣单于对张骞说：“大月氏在匈奴的北方，汉朝派使臣穿越我们匈奴的地方去大月氏，是不是不合规矩？如果我想要派匈奴的使者穿越汉朝的地界去南越，你们汉朝也不会允许吧。”

之后，张骞被匈奴扣押了十余年之久，匈奴人一直妄图说服他投降，甚至帮助他在匈奴娶妻生子，希望借由“家庭”来将张骞的心留下、拖住。但在这十余年中，张骞却自始至终都不曾忘记过自己的使命，也不曾忘记过自己是汉人。

或许是张骞待在匈奴的时间已经太长了，长得有时连匈奴人都已经忘记了他本来的身份，对他看守也就越来越放松。一次，张骞终于找到了机会，带着妻儿以及随从堂邑父等人马不停蹄地逃出了匈奴的地界。在艰难地往西走了数十天后，终于到达了大宛。大宛国的国王早就听说大汉朝廷十分富饶，一直想与汉朝廷建立一些经济往来，但可惜，由于一直遭到匈奴的阻拦，加之对汉朝不熟悉，因此始终未能采取行动。如今见到张骞这位汉朝使节，大宛国王真是高兴坏了，诚意拳拳地款待了他。而张骞也借机向大宛国王求助，并许诺如果能够顺利到达大月氏，回到大汉之后，必然会重重报答大宛国王。

大宛国王被张骞打动了，于是派人带着张骞等汉朝使者前往大月氏。但这个时候，大月氏已经选出了新的国王，征服了富庶的大夏。大月氏的国民们都觉得现在的生活非常幸福，在这里，他们拥有肥沃的土地，又鲜少受到盗贼侵扰，人人安居乐业，早就没有了报仇的心思。至此，刘彻派遣张骞联合大月氏共同攻打匈奴的计划就这样搁浅了。

其后，张骞在大夏、大月氏辗转了一年左右才启程回国。本打算穿越羌人的地界抵达长安，但没想到居然又被匈奴给抓获了。这次张骞在匈奴待了一年左右，匈奴的军臣单于突然死了，他的弟弟打算谋取单于的位置，起兵作乱，自立为单于。张骞趁着匈奴内乱的时候，带着在匈奴新娶的妻子和堂邑父逃回了汉朝。

张骞从建元三年（公元前138年）出发，历经十二年至元朔三年（公元前126年）回到长安。原本一百多人的使团，归来的时候居然只有张骞和堂邑父二人。虽然张骞没有完成汉武帝交给的任务，但是张骞也算是立下了功劳。回长安后，张骞被封为太中大夫，堂邑父被封为奉使君。

张骞此次的西域之旅游历了大宛、大月氏、大夏这三个国家，途径了康居国，还对这些国家周边的大国有了一些了解。张骞将这些国家的情况进行了详细的分析、整理后，交给了汉武帝，为汉武帝处理西域问题的计划制定了蓝图。

张骞所报告的主要情况有：

1. 大宛国在匈奴的西南方、大汉的正西方，距离大汉有一万里左右的距离。大宛国是一个以农业为主的国家，作物有水稻和麦子。大宛国的特产是葡萄酒和马，其中的汗血宝马更是马中的极品。大宛国有城市，但是城市规模并不大，全国人口大致有几十万人。大宛国的士兵擅长骑射。大宛国的北面是康居国，西南是大夏，东北是乌孙国。

2. 乌孙国在大宛东北两千里左右，是以畜牧业为主的国家。国民习俗与匈奴一样，勇猛善战会使用弓箭的约有几万人。原本乌孙国是臣服于匈奴的，后来国力渐渐强盛后，虽然名义上还是匈奴的属国，但是却早已不再给匈奴进贡。

3. 康居在大宛国西北两千里，与大月氏一样，也是以畜牧业为主的国家。能够使用弓箭的人也有八、九万人。南面是大月氏，东边是匈奴。奄蔡国在康居西北两千里，逐水草而居，是个一直在移动的国家，习俗与匈奴很像，能使用弓箭武器的人有十多万。

4. 大月氏在大宛的西边，南边是大夏，北边是康居。也是个逐水草而居的移动国家，习俗与匈奴相似，能使用弓箭的人有二十万左右。大月氏一开始居住在敦煌、祁连一带，被匈奴打败后被迫迁走，后来收服了大夏做属国。没有迁走的小部分人被称为小月氏。

5. 安息国在大月氏西边几千里，是一个农耕国家。安息国是个巨大的国家，有数千里大小，国中有大大小小几百座城市，是西域最大的国家之一。有用来交易的市场，人民富足，交通便利，商人经常乘车船去邻国，有时候甚至会去到几千里外的地方。安息国使用银币，银币上铸有国王的头像作为标志。

6. 条支国在安息西边一千里左右的地方，是一个以耕种为主的农业国。条支国有一种大鸟，鸟蛋有酒坛那么大。条支国的人非常善于表演杂技，吞刀喷火等。

7. 大夏在大宛国西南两千里左右的地方，也是一个农业国。大夏国并没有一个统一的国君，只是各城市会设立小的管理者，大夏国的兵力弱小，士兵害怕战争。国民善于买卖，有几百万之多。在大夏的西边就是身毒国。

这些国家的信息为张骞提出了一条通往西域的新道路：从四川出发，经过西南夷，然后通过身毒国，最后抵达西域。这条路线可以很好地绕过匈奴统治的地界，顺利抵达西域。张骞告诉刘彻，他在大夏的时候曾见过许多四川产的蜀锦，大夏人告诉他，这些东西是从身毒国买来的。身毒国在大夏东南几千里的地方，大夏在汉朝的西南方向约一万二千里的地方，并且还有蜀锦等四川的特产，说明身毒国距离四川不会太远。

不管是从受到匈奴控制的羌人地界通过，还是从匈奴直接控制的区域通过，都是非常危险的。假设从四川前往身毒国，然后再转向西域的计划能够成功，那么汉朝就能通过一条既安全又方便的道路与西域联通了。

听完张骞对西域各国的描述，刘彻心绪澎湃，对这新奇而未知的世界充满了兴趣。他想要让大汉天子的威严散播到世界各地，于是决定再次派遣张骞出使西域，不过这次的路线是从身毒国走。

元狩元年（公元前 122 年），张骞到了四川，他派出四路使者探寻去往身毒国的道路。不过这四路使者都在出发不久以后就受到了阻碍，无法继续前进。主要的障碍出现在云南昆明一带，当地盗匪极多，并且目无法纪。面对汉朝的使臣，他们肆意劫掠，导致张骞一行人无法顺利通过。使臣们一致认为想要去身毒国，必须通过云南一带，现在云南一带都走不通，身毒国什么的就更别提了。因此，张骞探寻从四川到西域的道路就这样失败了。

张骞早在第一次出使西域之后，因为在匈奴居住了十多年，对匈奴非常熟悉，于是作为卫青的校尉参加了反击匈奴的战争。在这次反击匈奴的战争中，张骞起到了很大的作用。凭着他对匈奴的熟悉，军队一路上粮草都得到了很好的补充，他也因此被封为博望侯。元狩二年（公元前 121 年），张骞与李广再次出击匈奴，但是这次李广遭到了匈奴右贤王的伏击，遭遇一场惨败。而张骞率领的部队因为来晚了，没能及时救援李广的部队，被贬为庶民。

张骞丢了官，但是他的作用还是无人能够取代的，刘彻经常会向他询问一些关于匈奴的问题。经过一番计划，他向刘彻提出了一个拉拢乌孙国的建议，如果能够成功地将乌孙国变成汉朝的属国，那么匈奴无疑是被断一臂，汉朝则是如虎添翼。

第二次西域之行

张骞在匈奴的时候，乌孙国的国王叫做昆莫。昆莫的父亲当国王的时候，乌孙与大月氏都不过是敦煌与祁连之间的小国而已。后来两国发生冲突，乌孙不敌大月氏，国王被杀，土地被抢，乌孙国的国民才不得不逃往匈奴。

那时候昆莫刚刚出生，他的傅父布就翎侯照顾着他。逃亡的途中布就翎侯将他藏在了一堆杂草之中，自己去找吃的。当他回来的时候，发现狼在给昆莫喂奶，鸟也给昆莫带来了肉。布就翎侯认为有此异象，昆莫必定不是凡人，如果没有神明保佑，怎么连凶狠的野狼也愿意用自己的奶水喂养他呢?

到了匈奴以后，昆莫就在单于的麾下长大了。单于将逃亡到匈奴的乌孙人交给昆莫带领，让他带着士兵南征北战。昆莫确实如有神助，立下了许多战功。

后来大月氏被匈奴打败，迁往了别处。昆莫要报杀父之仇，于是向单于请求帮助。单于就派兵给他，一直将大月氏赶到了大夏。昆莫带着自己的乌孙人和战争之中俘虏的大月氏人就居住在大月氏的地盘上，之后逐渐强大了起来。

后来对昆莫有恩的单于死去，昆莫也就断了与匈奴的情义。匈奴仗着自己军力强大，前去攻击昆莫。昆莫数次打败匈奴军队，这时候才有人想起昆莫是有神明庇佑的传说。从此以后匈奴不敢再派兵攻击昆莫，而昆莫建立的乌孙通过发展逐渐成为了能够与匈奴抗衡的国家。

现在汉朝已经数次在战争中击败匈奴，匈奴的浑邪王也已经归顺了汉朝，汉朝前往乌孙的道路上几乎没有阻碍。羁鸟恋旧林，池鱼思故渊，张骞认为原本乌孙居住的敦煌、祁连一带现在也无人居住，不如就送给乌孙。此外再加上一些金银财帛做礼物，再将大汉的公主挑出一位许配给乌孙国王，想必乌孙会十分愿意与大汉成为盟友。并且如果乌孙与大汉结成了联盟，那么乌孙西边的大夏等国就都有可能会成为大汉的属国。

张骞的这番意见可谓是鞭辟入里，刘彻没什么说的，马上就同意了。接着就封张骞做了中郎将，组织使团让张骞再次出使西域。

元鼎二年（公元前 115 年），以张骞为首的使团再次出发了。这次的规模远胜于上次，这次光随从就有三百人之多，每人配两匹马，带的礼物有数万的牛羊，还有数以千万的财帛。

张骞很顺利地到达了乌孙，乌孙王昆莫并没有因为他是汉朝的使者就高看一眼，对他和对匈奴的使者并没有什么区别。张骞很不高兴，汉朝的使者团来乌孙可是带了大礼的，怎么能够享受和匈奴使者一样的待遇呢？于是要求昆莫下拜，如果不下拜的话，那么带来的金银财帛就要尽数收回，昆莫这才勉强行了礼。

紧接着张骞又抛出让乌孙人回到故土，并且要将公主许配给昆莫的条件，希望能够换取乌孙的友好，与乌孙结为同盟，共同抗击匈奴。昆莫没有答应，当时的乌孙国已经不是昆莫一个人的乌孙国了。

昆莫有十多个儿子，长子早已被立为太子，要继承乌孙的王位。可惜太子命短，死在了昆莫前面。原本太子死了以后，王位应该由二儿子大禄继承，但是太子临死之前求国王昆莫，说希望能够立太子的儿子岑娶为新的太子。爱子临终的要求，昆莫不忍拒绝，就答应了下来。

二儿子大禄知道以后非常的气愤，而且这位大禄可不是一般人。大禄弓马娴熟，带兵作战是一等一的好手，手下更是有一万多的骑兵。手中有兵，加上一时恼怒，大禄集合起几个兄弟，率领自己的人马造反了，打算进攻昆莫和岑娶。昆莫担心岑娶遭大禄的毒手，于是让岑娶率领一万多骑兵到别的地方居住，自己也留了一万的骑兵抵挡大禄的进攻。就这样，乌孙国一分为三。

昆莫在乌孙国没有绝对的话语权，而且他对汉朝也不甚了解。但是他知道匈奴有多强，他手下的大臣也见识过匈奴的厉害。所以，张骞始终无法说服昆莫，让昆莫与汉朝联合抗击匈奴。

乌孙国的事情没办成，但是其他的大宛、康居、大夏等地还是要派遣使者的。张骞派了不少副使分别前往这些国家，而自己则打算回长安了。乌孙国王见张骞要回长安，派遣向导进行护送，并且还派使者几十人，带着许多好马前往长安，算是对大汉皇帝的回报，也让使者好好看看汉朝是个什么样的国家，如果汉朝强大，那么联合汉朝抗击匈奴也不是不可能的事。

张骞这次出使西域，虽然未尽全功，但是也值得表彰。汉武帝封张骞为大行，位列九卿，然而一年多以后，这位伟大的探险家、外交家就去世了。

乌孙使者到了汉朝以后大开眼界，汉朝的人口众多、地大物博、人民富足，深深震撼了乌孙使者。乌孙使者回国以后将这一切告诉了昆莫，昆莫开始更加重视与汉朝的关系。

又过了一年多，汉朝前往其他地方的使者也纷纷回来，而且还带回了其他地方的使者，一时之间可以说是万国来朝，西域诸国与汉朝展开了正式交往。由于张骞在西域各国建立起了良好的声望，所以之后出使西域的使者都自称是博望侯的使者，各国听说是博望侯的使者，也都毫不犹豫地加以信任。虽然张骞已经去世，但是张骞第二次出使西域的目的最终还是达到了。

张骞去世不久后，匈奴就得知了乌孙与大汉交好的消息，匈奴单于非常愤怒，决定派兵征讨乌孙。而此时乌孙已经见识过了汉朝的强大，愿意答应汉朝的条件，迎娶汉朝的公主，与汉朝结为兄弟之邦。

乌孙送给汉朝的好马让刘彻十分欢喜，之后大宛也送来了更加珍贵的汗血宝马。汉武帝爱马，这些马让汉武帝更加重视西域问题了，他设置了酒泉郡，并且加派了许多使者去往西域其他国家，前往乌孙和大宛的使者更是层出不穷。

征楼兰，讨姑师，和乌孙

张骞第二次出使西域，让汉朝与西域诸多国家建立了联系，增加了各国之间的经济文化交流，汉朝待其他国家比匈奴要好得多，所以无论从什么角度来说，各国都更加喜欢与汉朝来往。

在西域的各国中，有两个小国地处汉朝通往西域的要道之上，一国名为楼兰，一国名为姑师，这两个国家也都是匈奴的属国。从张骞第二次出使西域后，每年都有许多汉朝使者出使西域，楼兰、姑师本是小国，接纳上邦大国的来使难免要摆摆排场不能落了面子。但是长此以往，也是非常劳民伤财的。并且派出去的使者多了，使者的素质也就开始参差不齐了。有的使者公然将汉朝赠与西域各国的礼物当成商品出售，然后把货款装进自己的腰包。没有礼物，在谈判的时候不是花言巧语就是仗势欺人，所以许多小国开始讨厌起汉朝的使臣来。

匈奴早在文帝六年（公元前 173 年）时就征服了西域各国，将西域划成了自己的势力范围，而汉朝现在将自己的手伸进了西域，这是匈奴所不允许的。楼兰、姑师二国对汉朝使者十分讨厌，又是匈奴的属国，自然承担起了帮助匈奴刺探情报，以方便匈奴截杀汉朝出访各国使者的任务。

楼兰、姑师二国的做法让刘彻十分震怒，有使者提议对这两国进行讨伐。毕竟这两国势力极小，兵力也极弱。

元封三年（公元前 108 年）的冬季，刘彻命令从票侯赵破奴率领归顺汉朝的匈奴骑兵，以及几万诸侯国的军队进攻姑师，后来又让数次出使西域都被楼兰所侵扰的使者王恢协助赵破奴。赵破奴只带了七百轻骑就攻破了楼兰，俘虏了楼兰国王，然后又打败了姑师，大汉的军威开始在西域各国中广为流传。为了表彰赵破奴的功勋，刘彻封他为浞野侯，王恢为浩侯。

楼兰臣服于汉朝后，匈奴又不高兴了，马上派兵攻打楼兰。楼兰王犯了难，一边是汉朝，一边是匈奴，两边都惹不起。与其夹在中间左右为难，倒不如保持个中立算了。于是楼兰王将自己的两个儿子分别送往长安和匈奴做人质，换取了一时的平安。

太初四年（公元前 101 年）时，贰师将军率军出征大宛，匈奴命令楼兰王出兵阻拦汉军通过。楼兰王摄于匈奴的淫威，只好照做。刘彻知道以后勃然大怒，下命令给驻守在玉门关的将领，让他们出兵抓捕楼兰王，送到长安接受审判。楼兰王被送到长安，百般委屈，对刘彻说：“我们楼兰只是个小国，夹在匈奴与大汉两个强国之间，能够怎么做呢？现在我也想通了，如果我不选择归顺一方，注定得不到安宁。”于是向刘彻表示愿意举国迁往大汉。

刘彻为了嘉奖楼兰王的实话实说，就把他送回了楼兰。这个时候刘彻已经将征战的重心转向了西域地区，在西域地区的兵力超过了匈奴，从此以后，匈奴开始疏远楼兰。

征和元年（公元前 92 年），楼兰王死了，楼兰国派出使者希望能够接回他们在大汉当做人质的太子，立他当国王。但是因为楼兰太子在大汉品行不端，已经被处以了宫刑，不能回去了，所以谎称汉武帝十分喜爱他，不能将他送回，让楼兰另立新国王。楼兰不敢反对，只好立了新的国王。

就在楼兰立了新的国王之后，汉朝马上又向楼兰索要人质，楼兰的新国王不敢反对，同样与之前一样派了两名质子分别前往汉朝和匈奴。楼兰新的国王很快又死了，这次匈奴人学聪明了，提前令在匈奴的质子回楼兰国，果然被立为了国王。于是汉朝下诏让楼兰王到大汉来，汉武帝有所封赏。楼兰王经过一番考虑，之前的两名人质都已经杳无音讯，去汉朝似乎有着莫大的风险，于是就以国家未定为由，拒绝了召见。

虽然楼兰王一副两边都不得罪的样子，但其实因为讨厌汉朝一直派遣使臣到来，所以并不喜欢汉朝，数次偷偷杀害汉朝的使臣。楼兰王是亲匈奴派，楼兰王的弟弟尉屠耆则是亲汉派。尉屠耆投降汉朝，跟汉朝说了楼兰王表面中立，其实是个亲匈奴的人。当时刘彻已经去世了，即位的是他的儿子汉宣帝。当时执掌朝政的是大将军霍光，霍光当机立断，派傅介子刺杀楼兰王，一举成功，接着将尉屠耆立为新的楼兰王。尉屠耆就比他的哥哥识相的多，主动提出将楼兰国中一块肥美的土地献给汉朝，作为汉朝屯田之地。于是朝廷就派遣了一名司马，带着四十多个士兵在那里屯田，也起到监视尉屠耆的作用。到这个时候，楼兰问题才算真正彻底解决。

元封三年（公元前 108 年）赵破奴就攻破了姑师，但是因为姑师距离匈奴实在太近，就算打败了姑师，也不好派人管理。一直到了征和三年的时候，汉朝再次出征匈奴，这次汉朝还命令西域其他六个小国一起对姑师用兵，这样姑师就不能出兵阻拦汉军的前进了。六个小国将姑师围得水泄不通，姑师王只好投降，对汉朝俯首称臣。

元鼎二年（公元前 115 年），张骞第二次出使西域到达乌孙国，乌孙国也派了使者来汉朝。乌孙使者回国后详细描述了汉朝的富饶与强大。于是乌孙王主动提出想要与汉朝进行和亲，两国结为兄弟之邦。

元封六年（公元前 105 年），乌孙送来千匹好马作为聘礼，迎娶了江都王刘建的女儿细君公主为妻，称之为右夫人。匈奴同样想要拉拢乌孙，于是也给乌孙王送了个老婆，乌孙王不敢怠慢，称之为左夫人。

后来因为乌孙王昆莫的年纪太大，想让他的继承人，他的孙子岑娶娶细君公主，细君公主不敢自作主张，写信请示汉武帝。汉武帝表示，要尊重人家的民族习惯，联乌孙灭匈奴才是大事。于是细君公主就又嫁给了昆莫的孙子岑娶。细君公主死后，汉朝为了保持和亲，又将楚王的孙女解忧公主嫁给了岑娶。后来岑娶去世了，他二伯大禄的儿子翁归靡成了新的乌孙国王，又迎娶了解忧公主。

凭着这样的联姻关系，汉朝与乌孙结成了牢不可破的同盟。在日后匈奴发动的战争中，乌孙与汉朝数次联合抵抗匈奴，均大获全胜，张骞联合乌孙共抗匈奴的计划获得了巨大的成功。

宝马之战

张骞第二次出使西域后，各国听说了汉朝的强大，纷纷派使者前来。面对万国来朝的盛况，汉武帝自然是非常高兴的。汉武帝为了显示大汉的富饶，天朝上国的形象，经常赏赐外使财物，而且数目巨大。

刘彻万万没有想到，他为了展示汉朝天威所做的一切，给外国使者留下的印象却只有人傻钱多。以至于同样是在西域有话语权的大国，匈奴的使者只要拿出单于的命令，不管走到哪儿都会受到极好的款待，而大汉的使者就没有这样的待遇，甚至不拿钱来买都没有吃的。

汉武帝喜欢马，他见过最好的马就是大宛马。于是一次在与回国的使者闲聊时，一位使者说大宛的贰师城中有不少好马，只是藏起来不肯给大汉而已。汉武帝听了他的话，立刻就动心了。他派出使者带着大量的黄金和金马，想要与大宛国王交换贰师城的好马。大宛国人善于经商，不是很缺少大汉的财物，于是大宛国的国王和臣子们一番商量，觉得大汉虽然有钱，但是离大宛距离极远，中间隔着一片盐泽，北边还有匈奴阻拦，难免一片荒凉，军队根本找不到补给，所以汉朝的军队根本不可能打来。贰师城的马可是宝马，怎么能够给汉朝呢？于是拒绝了汉朝来使的请求。

汉朝使者很生气，怒骂了大宛国的官员，并且为了表示自己的愤怒，把金马砸个了稀巴烂，随后就启程回国了。遭到辱骂的大宛国官员怎么咽得下这口气，觉得汉朝使者实在是太嚣张跋扈、目中无人了，于是就联合郁成国截杀了汉朝使者，抢夺了他们的财物。

刘彻得知了这个消息后，怒发冲冠，出使过大宛的使者姚定汉说："大宛的军力十分弱小，我威风凛凛的大汉军队只要派出三千人，一阵强弩射过去，保证能打败大宛。"汉武帝虽然生气，但是也是打心眼里没看得起那些小国，毕竟当年赵破奴攻破楼兰，抓了楼兰国王的时候只带了七百人。李广利是汉武帝宠姬李夫人的哥哥，汉武帝宠爱李夫人，想让李夫人的家族封侯，征讨大宛这种十拿九稳的功劳最合适了，于是汉武帝就任命李广利为贰师将军，带着六千匈奴降兵和各诸侯国游手好闲的恶少组成了一支数万人的军队，出征大宛。

太初元年（公元前 104 年）秋，一支以李广利为将军，赵始成为军正，王恢为向导，李哆为校尉的军队浩浩荡荡地朝着大宛出发了。

西征大宛并不顺利，军队经过了盐泽以后，几乎找不到地方补充粮草。一路上的小国看见这么多的军队，都不敢打开城门。而且出于对匈奴的恐惧，也不敢给汉军粮草。军队的士兵们忍饥挨饿，不停地减员，走到大宛附近的郁成时已经只剩下几千名又饿又累的十兵了。士兵饿着肚子打仗，自然不会获胜，汉军被郁成打的大败，又死了不少士兵。

军正赵始成提议撤军，理由很简单，郁成这样的小地方都打不下来，那么大宛的都城更是想都别想了，不如撤军，日后再说。于是李广利就带着残兵败将灰头土脸地撤退了，一路上又不断地减员，等到达敦煌的时候，士兵只有出征时的十分之一了。

李广利派遣使者上书刘彻，表示去大宛的路途太过遥远，一路之上也得不到什么补给，等他们到了大宛的时候，士兵已经少到不足以攻克大宛都城了，求刘彻暂且收兵，等他回去重整旗鼓再去攻打大宛。刘彻看了李广利的上书，怒发冲冠，立刻派遣使者告诉玉门关的守卫，不让李广利的军队进关，有进关的格杀勿论。李广利害怕了，只好退回敦煌。

李广利第一次出征大宛，就以连人家都城都没看见的惨败而告终了。但是“黑锅”不该全让李广利一个人来背，虽然李广利指挥不当，但是刘彻也有不可推卸的责任。首先，任用李广利就是个错误，仅仅是因为李广利是李夫人的哥哥，就让没有展示出什么军事才华的李广利挂帅出征，太草率了；其次，汉武帝轻信了姚定汉等人的话，对大宛过于轻视，根本没有做打硬仗的准备。

第一次出征大宛失败，刘彻很快就筹划了第二次出征大宛。第二次出征大宛已经不仅仅是为了马的问题了，而是为了面子问题。堂堂天朝上国被大宛这种小国打得落花流水，那么大夏怎么想？乌孙怎么想？其他的小国怎么想？以后汉使出去还有什么颜面？

第二次出征大宛，刘彻做了更多的准备。他赦免了许多囚徒，征召了更多恶少以及边疆郡国的军马，进行了长达一年的部署。一年以后，六万多士兵和众多的随行人员，带着数万牲畜、粮食、兵器，从敦煌出发了。

除了出征的人员外，汉武帝还做了更多的事情。他派遣工匠截断了大宛都城中的水源，又在居延、休屠二县屯了十八万的预备军，甚至还调了一些比较熟悉马匹的人，准备在攻破大宛城之后掠夺良马。

太初三年（公元前 102 年）夏，李广利第二次出征大宛。因为这次军队的人数实在惊人，途中经过的小国纷纷迎接，为汉军送粮食。到了轮台，汉军打了第一场硬仗，攻破轮台后，汉军实施了屠城，然后继续西行。到了大宛以后，大宛军队出城迎击汉军，结果被汉军打得落花流水，退回都城死守。刘彻派遣的工匠派上了用场，断了大宛都城内的水源。汉军围城四十余日，后攻破了外城，俘虏大宛将军。

城中的大宛贵族这个时候真的乱了手脚，生怕汉军攻破城池后来个屠城，于是召开会议商讨究竟该如何退去汉军。经过商议，大宛贵族们一致认为是国王藏匿良马，截杀汉使才引起了刘彻的愤怒。现在如果杀掉国王，献出良马，汉军应该会退兵。如果他们不肯退兵，那就只能以命相搏了。

随后大宛贵族们杀死了大宛国王毋寡，派使者将国王的人头送给李广利，并且说："请汉军不要再攻打我们的都城了，我们愿意让你们随意挑选良马，愿意供给你们饮食。如果你们不答应，那么我们宁可玉碎不能瓦全，定会将所有的良马杀死。而且康居的援军就快到了，到时候我们两军夹击汉军，汉军也未必有必胜的把握。"

李广利闻言也召开了会议，会议上明确指出了这次出征的目的，一个是获得良马，另一个就是诛杀首恶毋寡，报一箭之仇。现在毋寡已死，大宛人也愿意献出良马，目的达到了，没有必要逼大宛军坚守死战。我军与大宛军作战，必定疲惫不堪，康居的军队赶到，我军必败。

因此，李广利答应了大宛的条件，大宛也信守诺言，献出了良马让汉军自己挑选，并且为汉军送来了粮食。汉军选取了上等马几十匹，中下等的马三千多匹，立了亲大汉的大宛贵族昧蔡为大宛国王，与大宛签订了和约，然后就启程回国了。

回程的路上，许多西域小国听说大宛被破的消息，纷纷派遣自己的弟子随军进贡，去长安做人质。最终回到玉门关的时候，士兵只剩下万余人，马只剩下千余匹。从敦煌出发的时候，汉武帝可是光士兵就给了李广利六万人，一路之上并没有遇到太多的抵抗，战争中没有太多的减员，此次粮草也十分充足，不存在饿死士兵的现象，那么为什么回来的时候士兵只剩下万余人了呢？士兵大量减员的主要原因是李广利治军不善，军官不爱惜士兵，经常残忍地虐待士兵，大部分的减员不是在战争中，而是死在了那些酷吏的手中。

李广利于太初四年（公元前 101 年）春回到了长安，汉武帝封他为海西侯，封军政赵始成为光禄大夫，上官桀为少府，李哆为上党太守。

汉军攻破大宛，立昧蔡为大宛王后就离开了，而一年后大宛贵族因不喜欢他阿谀汉朝，严重损害了大宛的利益。于是，大宛贵族们杀死了昧蔡，立了被他们杀害的前任国王毋寡的弟弟做新的大宛国王，并且把他的儿子送去汉朝当质子。汉朝也回送了丰厚的礼物用以安抚他们。新任国王许诺，每年愿意献上两匹最好的大宛马作为贡品。

汉军攻破大宛的事情震惊了整个西域，刘彻派出许多使者到西域各国寻找奇珍异宝，顺便查看各国究竟有什么反应，是否被大汉的威严所震慑了。当得知了各国的反应后，刘彻的虚荣心得到了极大的满足。

李广利两次出征大宛，从表面上来看，两次大汉共折损士兵六万人左右，耗费的金钱达亿万之多，而看得见的收获却只有三十匹骏马。这次战争是得不偿失的，是亏本的战争。但是这次战争还是有着重大的意义，是不可忽视的。

1. 这次战争提升了汉朝在西域的地位，原本轻视汉朝的大宛现在臣服于汉朝，其他小国也纷纷送人质去长安表示臣服。乌孙国虽然已经跟汉朝和亲了，但是李广利第二次征伐大宛的时候汉武帝曾派遣使者让乌孙出兵帮忙，共伐大宛。乌孙只派了两千骑兵，并且在路上徘徊，不肯参战。由此可见，乌孙还不是彻底的臣服于汉朝。而经过此次战争以后，乌孙彻底地臣服于汉朝。

攻破大宛之后，汉朝又在轮台、渠犁等地设置了屯田，进一步加强了对西域各国的控制，让匈奴更加孤立无援。

2. 这次战争对以后处理西域事务有着深远的影响。如果汉武帝没有派兵攻破大宛，逼迫大宛臣服，那么西域各国就会对汉朝抱有轻视的态度，与汉朝疏远关系，也就不会出现汉宣帝时期汉朝与乌孙联合破匈奴的事情，更不会发生汉元帝时期只用西域各国的兵力就将匈奴单于斩杀在康居的事情。

文化输出

汉朝的一系列西域政策，从表面上来看扩大了汉朝的势力范围，让汉朝在西域建立起了威望，掌握了话语权，为以后打击匈奴打下了基础。但是从经济和文化方面来看，汉朝的西域政策有着更加重大的历史意义。西域与汉朝可以说是有很大区别的两个地区，从文化、作物、技术等方便，双方都有互通有无的必要。

汉朝科技与经济文化传向了西方。根据资料记载，早在公元前7世纪到6世纪末，中国就出现了铸铁。这不仅是人类冶炼技术上的重要进步，更会带动其他许多科技的发展。作为当时冶炼技术领先世界的中国，就是在汉武帝时期将冶炼技术从内地传到了大宛。史料记载，当时大宛及大宛以西的国家完全不知道铸铁是什么，大宛的冶炼技术是由汉使和汉军降兵传授的。而且根据记载，欧洲是在12世纪才掌握了铸铁技术的，很有可能欧洲的铸铁技术就是由中国传到了大宛，再由大宛逐渐向西传递，然后达到了欧洲。中国不仅为中亚的冶炼技术做出了贡献，更是为全世界做出了贡献。

除了冶炼技术外，另一项传到西域的重要技术是打井、灌溉的农业技术。李广利征伐大宛的时候，汉武帝曾为他配备工程人员，截断大宛都城中的水源。但是大宛的都城之中有新抓到的汉人，汉人教了他们打井取水的技术。而且根据史料的记载，西域地区使用的井渠灌溉技术与汉朝时的一模一样，当时西域有许多的屯田，不少专家认为井渠灌溉技术就是因为屯田才从内地传到了西域。

张骞打通了长安到西域的道路，中国的丝绸制品也从这条路传到了西域。汉朝和西域通商，贸易的时候丝绸制品总是不可缺少的货物。这些丝绸通过西域传递到了更远的地方，中亚、西亚、北非、欧洲等地都有发现中国丝绸的影子，可见汉朝的丝绸制品已经有了极高的水平并且受到了世界各地的欢迎。

汉朝在楼兰、轮台等地建设的屯田，不仅起到了维持当地安定的作用，更是将汉朝先进的农业技术传进了西域，从工具的使用到耕地的方法，都让西域的农业产生了巨大的改变。

汉朝的种种科技文化影响了西域、甚至更远的地方。但是西域的经济文化也同样影响着汉朝。

汉朝时期中国内地的农作物品种十分单一，但随着与西域的往来，内地的作物品种也丰富了起来。最先被引进中国的就是苜蓿，汉武帝爱马，苜蓿作为马非常喜爱的饲料，汉武帝当然要想办法引进。但是苜蓿不仅可以拿来喂马，人也是可以吃的。西域生产葡萄酒，而大汉当时也是没有葡萄，石榴也是张骞出使西域之时从大夏带回来的。

除了葡萄、石榴这些水果，张骞还从西域带回了很多能够丰富人民生活的调料，像芝麻、大蒜、香菜、核桃等物，都是张骞自西域得来的，如果不是张骞出使西域，我们现在也许习惯吃的是另外的食物。

通西域将西域的植物引进了中国内地，因为刘彻爱马，所以动物也经由刘彻的手引进了内地。从一开始的乌孙马，到后来大宛的汗血宝马，这些马与汉朝的马杂交，改良了内地的马种，让原本一场无意义的亏本战争变得有了些意义。

在文化方面，汉武帝时期从西域引进了箜篌等乐器，魔术和杂技也进入了中国，这些都大大地促进了内地的文化发展，让内地的文化变得更加丰富。

西域的通道打通后，中国接触到的不仅仅是有西域的文化，还接触到了古印度的文化，佛教也是经由丝绸之路传入中国的。

汉武帝通过经营西域，打通了中西方连接的通道，促进了中国与西域地区的交流，提高了汉朝人民的生活水平。丝绸之路的作用是无可替代的，也是非常重要的，不仅是对中国，甚至对整个世界都有着不可忽视的影响。

第九章

难以弥补的遗憾

汉武帝是一个雄才大略的皇帝，他带领汉朝走向了强盛。但是从汉武帝以后，汉朝开始逐渐衰微下去，汉武帝选择的继承人并不是一个合适的人选。卫子夫为汉武帝生下的第一个儿子刘据是个合格的继承人，但是汉武帝与刘据之间却有种重重的矛盾。究竟为什么，能够让汉武帝对刘据的感情从喜欢到不喜欢，又到最后欲除之而后快呢？事实上，在汉武帝的心里，太子刘据之死是一个永远也难以弥补的遗憾。

江充得宠

改变历史的除了那些著名的帝王将相之外，还有很多小人物；除了朝堂之上的政局和战场之上的纷争外，还有很多小事。汉武帝一生之中经历过无数的大事，但是他从来不曾想过，他晚年的历史因为一件小事而改变了。

这是一件皇室内部的案件，告状的人名叫江充，他告的人是赵王刘彭祖的太子刘丹与他的姐妹私通，勾结地方豪强为非作歹，地方官员摄于其权势，无法将其治罪。

江充状告刘丹本不是那么的合情合理，汉朝告状也是逐级上报，江充直接上书皇帝，属于越级。但是江充有不得不直接上告的理由，他是刘丹的仇人，如今已经被刘丹逼到了无路可走的地步。

江充本命江齐，是赵国邯郸的一名泼皮无赖。江齐自己不怎么样，但是他的妹妹却是个美人，不仅容貌秀丽，更是能歌善舞。这个妹妹认识了赵王的太子刘丹，刘丹对她一见倾心。而作为太子的大舅子，江齐的身份自然也跟着水涨船高，成为太子死党的江齐从此可以自由地出入赵国宫廷，整日与刘丹四处玩乐，可以说刘丹干的事情没有他不知道的。

人有时候倒霉，往往就是因为知道得太多了。太子刘丹这个人也不是什么好人，他与自己的亲姐妹、亲生女儿通奸，秽乱宫廷。与各地豪强来往，欺男霸女、无恶不作。因为他是太子，地方政府也拿他没有什么办法。

太子刘丹做了这么多的坏事，别人他不怕，他只怕赵王刘彭祖知道了会让他吃不了兜着走。刘丹明白他父亲刘彭祖也不是什么善男信女。汉武帝为了限制诸侯王的权力，规定各诸侯国的国相都要由中央来任命，各诸侯国的国相都还安稳，只有赵国的国相没有一个任期超过两年的。

在对付国相这件事情上，刘彭祖有自己的那一套。每次有新任的国相到来，刘彭祖总是表现得十分谦恭，为其打扫房间，一味的阿谀奉承，讨好他们。一旦新任国相放松了警惕，刘彭祖就抛出一些敏感话题，国相往往因为放松了警惕，一时失言说了什么大逆不道的话，这就成了刘彭祖控制他们的把柄。今后若是俯首帖耳还好，如果敢违逆他的意思，他马上将这些罪名上告中央。

这些事情别人可能不知道，但是太子刘丹心里明镜一般，他可是知道刘彭祖的手段有多狠辣。每当想起自己将来可能会东窗事发，刘丹就寝食难安。太子刘丹自从认识了江齐以后，二人形影不离，他所做的事情，江齐没有一件不知道的。刘丹一想，这江齐在自己身边不就是个定时炸弹吗？得赶紧想个办法处理掉他。

就在刘丹下命令抓捕江齐的时候，江齐事先得到了消息，撇下妻儿老小跑路了。可怜江家其他人，全都被抓起来处死了。江齐为了躲避刘丹的追杀，改名为江充，跟刘丹结下了深仇大恨。

一般人如果走到江充这一步，估计是只能隐姓埋名，躲起来了。但是江充不想这样做，他想的不是隐姓埋名，反而是如何扳倒刘丹。

江充的上书起到的效果，刘彻虽不是什么嫉恶如仇的人，但是对于诸侯王的所作所为他可是盯得很紧的。有整治诸侯王的机会，他怎么会错过，所以马上派兵包围了赵王的王宫，将太子刘丹收押。

经过一番审问，发现江充的控告句句属实，刘彻一怒之下将刘丹判处了死刑。经过赵王苦苦哀求，并且许下了愿带赵国的士兵出征匈奴的承诺，刘彻才算免除了刘丹死刑。不过死罪可免，活罪难饶，刘丹被革除了太子的身份。

刘彻一直致力于如何将权力从诸侯王手中收回，江充的这一纸诉状可谓是雪中送炭，并且江充以一介草民之身居然敢于直接状告一国的太子，这份胆气也算是了不起了。刘彻一时之间居然对江充这个人产生了兴趣，想要看看这个江充究竟是个什么样的人。

一天，刘彻在犬台宫与他养的猎犬玩耍，临时起意想要召见江充。在古代，皇帝的召见可谓是莫大的荣幸，但是江充没有欣喜若狂马上去见刘彻，他反而摆起了架子，他告诉刘彻的使者，说自己家里很穷，没什么华贵的衣服能见皇上，希望能够允许他穿着他平常穿的衣服见汉武帝。刘彻一听，也不是什么大事，就同意了。

见面的时候，所有人看了江充“平常”穿的衣服都傻眼了。那是一件精雕细琢的薄纱长袍，戴着华丽的丝质帽子，走起路来衣服随风飘动，仙风道骨的感觉一下就出来了。

原来江充在见刘彻之前，早就做足了功课。他深知汉武帝喜欢一个人还是讨厌一个人全凭自己的喜好，所以第一印象十分重要。他有个漂亮的妹妹，自己长的自然也是英俊非凡，加上这一身衣服，一下就博得了汉武帝的好感。加上来之前做足了功课，在与刘彻说话的时候从容不迫，对答如流，让刘彻觉得江充这个人真是个难得的人才。

江充虽原本是个泼皮无赖，但是现在看来倒也不是一无是处，至少他有一张巧嘴。他主动跟刘彻请示出使匈奴的事情，并且告诉刘彻自己不需要什么计划，到时候随机应变就好，结果他还真的成功了。从匈奴回来以后，刘彻就让他做了直指绣衣使者。这个官职是御史的一种，权力极大，上可杀贪官污吏，下可断草民案件，文可论功行赏，武可调动郡国的军队。

这个御史江充也算没有白当，刚刚上任的时候，他就帮汉武帝想了筹备军饷的方法。汉朝的时候，王公大臣们如果使用了超过自己身份的车马仪仗，在家中建造了与自己身份不符的亭台楼阁，是违法的，叫做逾制。而王公大臣们家里都很有钱，谁不想摆摆阔啊，所以逾制的事情极多，汉武帝也是睁只眼闭只眼。

江充将有逾制的人的资料整理出来，挨个抓人，顺便没收逾制的车马应用之物，关进缺少军饷的北军大营里。这些王公大臣们一被抓，他们的家人都慌了手脚，赶紧联名告诉皇上他们知罪了，愿意拿钱赎人。有人送钱，汉武帝自然不会拒绝，交钱就可以走人，这一次就收缴了大笔的银两。

随后，江充又在管理皇帝的御道之上大做文章，先后没收了长公主的车马，还处罚了太子刘据的使者，做出一副不畏权贵、铁面无私的样子。汉武帝非常高兴，当众赞赏江充是臣子们的表率。

刘彻为了奖赏江充，封他做了水衡都尉，管理皇家园林的水池、田地和鸟兽等。这个官职可不比御史，虽然听起来权力不大，但是油水却非常足。江充总算是“守得云开见月明”，毫不客气地将自己的亲戚朋友都安插进来。这些人进来自然是为了捞油水的，在江充的保护之下，简直无法无天。最后东窗事发，作为保护伞的江充自然也受到了处罚，丢掉了官位。

江充没有了官位，但是却依然深得汉武帝的宠信，这也让江充有很多机会见到刘彻，为日后的灾祸埋下了伏笔。

太子失宠

日后灾祸发生的另一位主角是戾太子刘据，这位太子原本是汉武帝的掌上明珠，但是最后结果却是个悲剧。曾经的掌上明珠为什么会变成汉武帝的眼中钉？这要从太子如何得宠，又如何失宠说起。

戾太子是刘彻的第一个儿子，他的生母是汉武帝面前最得宠的卫子夫。尽管陈阿娇曾下蛊诅咒卫子夫不能生育，但是卫子夫还是接连生下了三个女儿。陈阿娇不出，卫子夫只生女儿，汉武帝虽然还年轻，却也是差点愁白了头发。幸好在他二十九岁的时候，卫子夫为他生下了第一个儿子刘据。

刘据刚出生的时候可谓是集万千宠爱于一身，古代帝王到二十九岁才有了儿子，已经算是比较难得了的，刘彻自然是对他十分宠爱。而刘据的生母卫子夫尽管已经生了四个孩子，依然是年轻貌美，是刘彻最最宠爱的女人。刘据和卫子夫两个人占据了汉武帝的全部身心，汉武帝几乎把公务之外的所有心思都放在了他们身上。

刘彻对刘据不仅是宠爱，更是寄予厚望。在刘据七岁的时候，刘彻就将他立为了太子，派老师教他治国之道。刘彻打破了自己的禁忌，让太子刘据广招门客，希望刘据将来能够统驭大汉的江山。

好景不长，等太子刘据渐渐长大的时候，刘彻开始没那么喜欢他了。原因很简单，他觉得刘据不像自己，成不了什么大事。太子刘据为人性情温和、敦厚；而刘彻则是个霸道威严的人。刘彻惊才绝艳，而刘据却表现得十分平庸。相比之下，刘彻觉得刘据不会像自己一样成为一个能够执掌大汉江山的好皇帝。

而且刘彻当年对于太子刘据的宠爱有很大一部分是因为刘据的母亲卫子夫，如今卫子夫年华已逝，人老珠黄，刘彻已经不再专宠卫子夫了。在卫子夫之后，刘彻又有了王夫人，王夫人之后还有李夫人。李夫人也是“一人得道鸡犬升天”，她的兄弟们都得到了刘彻的重用，当时李家的风头怕是比当年的卫家更盛。卫子夫和刘据十分担心，卫子夫已然失宠，刘据的地位是不是也摇摇欲坠了呢?

刘彻何其聪明，从一些小小的风吹草动之中，他就察觉到了卫子夫和刘据缺少安全感。也许是因为多年以来的感情，也许是因为刘彻随着年龄的增长，人也变得和蔼了。总之，刘彻首次在这种情况下选择了温柔地解开误会。他派卫青向卫子夫和太子刘据传递消息，说现在的大汉需要的不是打江山的皇帝，而是坐江山的皇帝。太子宅心仁厚，皇位的继承人没有比太子更加合适的人选了，皇后与太子大可安心。卫青听到刘彻这番话赶紧叩头感谢，卫青把话带到以后，卫子夫也赶紧表示感谢。

刘彻这番话看似真情实意，其实也未必都是肺腑之言。他所做的这些很大一部分是为了后宫稳定，掩饰卫子夫的失宠，掩饰对太子刘据的不满。在这个时候，刘彻与太子刘据之间的种种矛盾决定了刘彻根本不可能与刘据之间心无芥蒂。

太子刘据并不是什么坏人，但是他失宠的根本原因还是与刘彻性格不同。刘彻主张武力扫平四夷，而太子刘据则反对刘彻的穷兵黩武，他希望大汉能够休养生息，百姓安居乐业。尤其是在刘彻征讨四方，公孙弘、张汤等人一片歌功颂德之声中，太子总是屡屡地发出不同的声音，哪怕刘彻脸上不表现出来，心里也不会舒服。

皇帝与太子政见不合，大臣自然也是因为自己的意见分成了皇帝党和太子党。太子性情温和敦厚，太子党的人多数也都是些忠厚长者。而刘彻性格冷酷，手下也都是些权臣酷吏。相较之下太子党的人虽然不少，但是要论朝堂斗争的本事可是大大不如反对他的人。太子善良，反对酷刑，经常推翻刘彻手下那些酷吏办出的冤案，得罪的人数不胜数。于是，在刘彻耳边说太子坏话的人渐渐地多了起来。

面对这种情况，皇后卫子夫觉得十分危险，她数次劝告刘据不要得罪太多的朝臣，但是刘彻得知以后却又不高兴，批评了皇后，称赞了太子。可刘彻虽然表面大度，但是心中对太子的意见却是越来越大。

元封五年（公元前 106 年），卫青去世了。这样卫子夫和刘据失去了最大的政治依靠，原本有些官员出于对卫青的畏惧，还不敢说太子的坏话。卫青去世以后，纷纷跳出来诽谤太子。刘彻对太子已经从不喜欢走向了猜疑，就连卫皇后也不能轻易地与刘彻见面了。

太子的失宠已经明显到朝臣们都看得出来。这种情况，自然是落井下石的人多，雪中送炭的人少。不仅是朝臣敢于诽谤太子，甚至连太监们都敢向汉武帝进谗言诽谤太子，而刘彻虽然会对这些事情加以调查，但是大多数的时候他都选择了相信。有一次，太子刘据去后宫见皇后，在皇后那里待的时间稍微长了些，刘彻身边的太监苏文就跟他说，太子在皇宫那里与宫女们玩耍，忘记了时间。刘彻还是假装大度，给太子刘据添了二百名宫女。

刘彻不喜欢刘据，不信任刘据，也不再宠爱卫子夫，但是他还是觉得刘据是皇位比较合适的继承人，一直到刘彻找到了新的宠妃。

那是在刘彻外出打猎的时候，路过河间遇到一个当地非常有名的占卜师。占卜师告诉汉武帝，说当地有一个奇女子，双手紧握不能分开。刘彻大感好奇，于是就派人将她召来，想要见见。

刘彻一见此女，立刻就被她的美貌所折服了，见她双手紧握着，就上前使劲掰开她的拳头。结果刘彻一掰，女子就伸开了双手。从此以后她被称为钩弋夫人，成为刘彻新的宠妃。

太始三年（公元前 94 年），刘彻与钩弋夫人的爱情结晶降临了，这个孩子是钩弋夫人怀了十四个月才生下来的，取名叫刘弗陵，小名钩弋子。刘彻非常喜欢这个孩子，因为古代的明君尧就是其母怀了十四个月才生下来的，于是将钩弋子出生的门叫做尧母门。

刘彻将门命名为尧母门，这件事情说大不大，但是似乎传递了什么信号出来，一知半解又对太子不满的臣子们纷纷以此大做文章。门是尧母门，那钩弋夫人自然就是尧母，那么钩弋子毫无疑问就是尧了。尧是古代的明君，汉武帝这是什么意思？这不是明摆着想废掉刘据，让刘弗陵当太子吗?

其实对于这件事情，大臣们真的过度解读了。刘弗陵才刚刚出生，并不能判断这个孩子是不是一个合格的皇位继承人，单单凭着他是怀孕十四个月才生下来的就立为太子，未免太过于草率了。而且晚年的汉武帝对于治理国家的方向已经有所转变，他知道大汉不需要那么多的战争，而是需要休养生息。太子刘据仁慈宽厚，比自己要更加适合坐江山，这也是汉武帝虽然不喜欢太子刘据，但是却始终对他进行安抚的原因。

父子之间虽然矛盾重重，失去了父子之情，至少还有君臣之义。汉武帝不喜欢太子刘据，但是依然把他当做自己的继承人。谁知道一场影响到整个长安的大祸降临，给汉武帝留下了难以弥补的遗憾。

巫蛊之祸

生老病死是人之常情，哪怕是皇帝也无法逃过。汉武帝人到晚年，身体的各方面机能都开始下降，头发变得花白，身体变得佝偻。但是一向自傲的汉武帝怎么能够接受自己老了的现实呢？况且有一天，汉武帝做了个噩梦。他梦见有几千个巫蛊用的木头人，手持木杖攻击自己，从此以后刘彻的身体变得更差了。噩梦加上迅速的衰老，让刘彻完全有理由相信，导致他身体衰弱的主要原因就是有人用巫蛊诅咒他。

刘彻怀疑有人用巫蛊之术诅咒他，心里自然也有着嫌疑人的人选。首当其冲的自然是上次巫蛊案的相关人员公孙敖家族。公孙敖虽然立下了赫赫战功，又与卫青有过命的交情。但是公孙敖的妻子在陈阿娇的巫蛊案中扮演了不光彩的角色，连累全族被灭。公孙敖家族若是还有后人，自然有理由，也有能力来行巫蛊之术诅咒汉武帝。

第二个嫌疑人是名将公孙贺。公孙贺以战功出身，也曾是汉武帝身边的近人，公孙贺的妻子是卫子夫的姐姐，说来他与汉武帝是连襟关系。公孙贺曾被汉武帝拜为宰相，但是鉴于之前的宰相的下场都十分凄凉，公孙贺坚决不肯接受相位。他跪在地上号啕大哭，但最终面对盛怒的汉武帝，他只能接下宰相的位子，毕竟在宰相的位置上不会马上掉脑袋，触怒了汉武帝却有马上掉脑袋的可能。当上了宰相之后，公孙贺做事更加谨小慎微了起来。

公孙贺做事滴水不漏，本不该成为刘彻的嫌疑人。但是公孙贺的儿子公孙敬声却不是个省油的灯。这对父子的性格也是截然相反，公孙贺的小心完全没有遗传给儿子，公孙敬声是个粗的不能再粗的粗人。

公孙敬声的官职是太仆，权力可以说不小了，但是他犯了个天大的错，那就是挪用了北军的军饷。北军是一支非常重要的预备队，但是因为预备队捞不到油水，所以北军一直是一支很清贫的队伍。刘彻和江充绞尽脑汁总算是从王公大臣身上扒下来几千万两的银子给北军当军饷，这位公孙敬声一次就挪用了一千九百万。刘彻得知以后气的头发都站起来了，马上下令把公孙敬声带来。

公孙贺疼儿子，赶紧跟刘彻谈条件，愿意把汉武帝通缉已久的“阳陵大侠”朱安世抓来赎罪。朱安世从他的称号“阳陵大侠”就可以得知，是一个了不起的侠客。侠以武犯禁，他犯了什么错已经不可考证了，但是面对朝廷的通缉，那么久都抓不到他，想来也不是个等闲之辈。

公孙贺的运气不错，很快他就抓到了朱安世。朱安世落在朝廷手里，那肯定只有死路一条了。然而朱安世不知道通过什么渠道，掌握了许多王公大臣们干过的坏事。公孙贺要他的命，他自然也是要拉着公孙贺陪葬。

当天朱安世就在狱中上书给刘彻，举报公孙敬声与阳石公主通奸，并且在刘彻去甘泉宫的必经之路的地下埋了画满了符咒的木人。

巫蛊正是刘彻此时的心头大患，朱安世的举报汉武帝根本没有查证，反而如同惊弓之鸟一般迅速地采取了行动，在征和二年（公元前 91 年）将公孙贺父子满门抄斩，而卫子夫的女儿阳石公主，阳石公主的姐妹诸邑公主，还有卫青的儿子也都受到了牵连，统统被杀。

这一起巫蛊案让朝廷之中人人自危，生怕有一天被人上告说自己家中藏了小木人，只有江充觉得这是一次难得的机会。

江充虽然丢了官位，但是一直活动在刘彻的左右。眼看刘彻已经是个年迈的老人了，而自己又把太子得罪的死死的，那不如借这个机会，把太子解决掉，这样一来哪怕汉武帝驾崩，他也可以高枕无忧。这次巫蛊案首先为刘彻敲响了警钟，让原本就惶惶不可终日的刘彻更加的忧心巫蛊的事情。并且这起案件给卫家带来了巨大的打击，两个公主、一个长平侯都被杀，卫皇后和太子进一步失势了。最重要的是巫蛊这顶帽子非常容易扣到别人头上去，随便找几个巫蛊的木头人，告诉皇帝说是从别人家挖出来的，岂不是容易之极?

刘彻因为身体的原因和巫蛊的事情，变得越来越迷信。不管听说什么地方有通鬼神之术的人，都加以礼遇，一时之间京城中的巫婆神汉人满为患。这些神棍一心想要接近汉武帝，所以跟宫中的宫女太监们交往十分密切。不少邪门歪道的神棍宣称在住处埋小人可以消灾解祸，不少宫人都信以为真。后来因为私人恩怨揭发对方埋的小人是诅咒刘彻的巫蛊，让刘彻勃然大怒，凡是在住所挖到小人的尽数诛杀，不仅有数百宫女、太监遇难，甚至还牵连到不少朝中的大臣。

这一次巫蛊风波又起，江充可不想再错过了。他找到刘彻，说刘彻的身体衰弱必定是因为还有人使用巫蛊之术进行诅咒。如果彻底根除所有的小木人、根除诅咒，刘彻的身体必将返老还童，迎来第二春。

刘彻听到返老还童这种事情眼睛都直了，马上任命江充，让他四处查探巫蛊的事情，务必做到全部根除。

江充拿到了刘彻的令箭，马上带着巫师四处抓人，长安城中一片风声鹤唳，谁都不知道明天江充会不会找上门来。这种恐怖的气氛从长安一直扩展到各地，数万人在巫蛊之祸中丧命。

江充弄的举国上下人人谈蛊色变，这也让他离完美的实施阴谋又进了一步。江充实施的第二步就是授意巫师，让巫师告诉汉武帝说皇宫之中还有人在行巫蛊之术。这个消息可把汉武帝吓坏了，全国都整治了，没想到自己身边还有。大惊失色的汉武帝马上派江充、宦官苏文、安道侯韩说、御史章赣组成一个调查组，在宫中彻查巫蛊的事情。

为了避免暴露自己的目标，一开始江充并没有对太子下手，反而是找了一些宫中地位较低的、已经失宠了的妃嫔，从她们的住处开始挖木人。挖开的地方纵横交错，逐渐从那些妃嫔的住所延伸到了卫皇后和太子的宫殿，最后竟在太子的宫中大挖特挖，整个太子的宫中被挖的连落脚的地方都没有。

挖过了太子的宫殿后，江充马上通知当时正在甘泉宫避暑的汉武帝，说是太子的宫中挖出了非常多的木人，并且还有写着谋逆计划的书卷。

这件事情马上也就传到了太子的耳朵里了，太子一下子慌了手脚，找来少傅石德商量。石德觉得应该先下手，如果能够抓到江充，逼迫江充说出实情，还有一线生机。毕竟江充找出的那些木人不是太子埋的，那么肯定就是江充搞的鬼。而且刘彻当时在甘泉宫，除了避暑之外还要养病，万一江充到了甘泉宫，太子就没有机会了。

太子不是那种果断的人，并没有马上听从石德的意见，反而是想要去甘泉宫向刘彻谢罪。江充知道太子软弱可欺，百般阻挠，不肯让太子去甘泉宫。无奈之下，太子只好按照石德的办法来做。

征和二年（公元前 91 年）七月，太子派人冒充汉武帝的使者，前往捉拿江充的调查组。安道侯韩说看出了这并不是汉武帝的使者，当场与太子的人大打出手，最终被太子的士兵侍卫杀死，罪魁祸首江充被抓。于是章赣和太监苏文逃到了汉武帝所在的甘泉宫。太子痛骂江充后，把江充立即斩杀，并且烧死了帮助江充的巫师。

做完这些事情后，太子来到了未央宫请求皇后卫子夫的庇护，卫子夫爱子心切，马上调用了宫中的车马，命令长乐宫的侍卫们打开宫中的兵器库，力保太子。

章赣和苏文逃到了甘泉宫以后，告知了刘彻太子刘据造反的事情。太子宅心仁厚的印象早已深入了汉武帝的心，刘彻并没有相信太子谋反了。他认为太子是因为害怕，又太痛恨江充才做出这样的事情，于是派身边的太监去召唤太子，把事情解释清楚。刘彻身边的这个太监平时也没少编排太子的坏话，一听说太子造反了，他哪里敢去，生怕太子造反是真的，把他杀了出气。于是他没有去找太子，只是在外面随便转了转，就回来告诉刘彻，说太子造反了，抗旨不从，还要杀他，他只好逃了回来。刘彻听了太监的话勃然大怒，相信了太子造反的谣言。

刘彻对江充的盲目宠信，对太子的不信任，加上传唤太子的太监撒谎，造成了整个悲剧的发生。刘彻强撑病体，亲自到场指挥平叛，关闭城门，宣布太子刘据不再是太子，而是逆贼。

面对愤怒的汉武帝和同样相信太子已经谋反了的大臣们，太子只好跟百官解释，自己是为了除掉奸臣江充才起兵的。而为了不坐以待毙，他释放了长安城中的囚犯，发给他们武器，抵抗汉武帝的士兵。同时派人带着可以号令胡人骑兵的节杖征召胡人骑兵帮忙。结果太子的使者赶到的时候，刘彻的使者也赶到了，指出了太子的节杖是假的。而太子最后的希望是驻守在皇城脚下的北军，他请求北军能够出兵帮他，北军也没有答应。

最终太子只能以铲除江充的名义征召民兵，长安城中的百姓们早就被江充弄的苦不堪言，一听说太子杀了江充，纷纷投入太子的麾下。太子的民兵与汉武帝的官兵混战数日，长安城中尸横遍野，双方死伤有数万人之多。后来，刘彻的昭告传遍了长安城，太子是谋反作乱。民兵们一哄而散，太子手下真的是无可用之兵，只能选择出逃。

太子出逃之时是由司直田仁守门，面对太子，究竟是抓是放，田仁十分犹豫。最终田仁选择了放走太子。虽然汉武帝和朝中不少大臣都不明真相，但是田仁这个旁观者，从头到尾的事情他都看得十分清楚。他明知道今天放走了太子，明天可能就要被汉武帝治罪，还是义无反顾地放走了太子。

刘彻知道以后果然大发雷霆，他处死了田仁，也处死了没有帮太子但是也没有帮汉武帝的北军长官任安。随后太子的门客全部被诛杀，帮助太子起兵的臣子统统被灭族，甚至连帮助过太子的士兵也全部被发配去敦煌戍边。

太子起兵造反，最终兵败出逃，还在皇宫之中的卫子夫却是逃不过此劫了。刘彻派使者去未央宫，拿走了皇后的印玺和绶带，卫子夫的皇后生涯就这样走到了尽头。在刘彻的使者走后，卫子夫就悬梁自尽了。

外逃的太子一天没抓到，刘彻的气就一天没法消。朝堂之上文武百官真正的体会到了什么叫伴君如伴虎，什么叫度日如年。其实刘彻发这么大的脾气，文武百官都知道是没有道理的。毕竟太子是皇上的亲生儿子，而起兵也是因为江充一再的迫害，忍无可忍之下才做出的下策，太子起兵主要原因只是为了保护自己的周全而已。况且堂堂大汉的太子，长期流亡在外，也不合情理。

道理人人都懂，但是谁也不敢在刘彻面前说出来。一直到壶关掌管教化的老臣令狐茂上书汉武帝，说明了这些情况，才让刘彻恍然大悟。

刘彻虽然也明白了，但是身为堂堂一国之君，总不能就说自己错了吧。刘彻在找台阶，找一个能够顺理成章赦免太子的台阶。

太子刘据出逃以后怎么样了呢？他逃到了河南湖县，躲藏在当地一户穷人家里。这户穷人虽然没钱，但是心地十分善良。虽然多了太子这一张嘴为他们增加了很大的负担，但是还是默默的供养着他。面对恩人一家，太子无以为报，突然想到他在湖县有一个富商朋友，于是就派人给朋友送信，希望能够在经济上得到些接济。

天有不测风云，为太子送信的人被官府抓住了，太子的行踪也被泄露。八月，官府就派出兵丁抓捕太子。太子见大势已去，无法逃出生天，于是自缢身亡。这户人家的主人也在保护太子的时候被杀，跟太子一起逃出来的两个皇孙也都死于非命。

巫蛊之祸对于整个大汉造成的危害是难以估量的。汉武帝担心自己遭受巫蛊的危害，而百姓害怕自己受到江充的迫害，举国上下人人自危。在这种气氛下，逼死自己的太子，汉武帝的内心无比悲痛。不过大汉总是要有一个合格的继承人的，太子走了，那么新的储君将会是谁呢?

第十章 晚年的功与过

汉武帝穷兵黩武，将汉朝拖入了战争的深渊。但是同时也为汉朝开疆辟土，勾勒出了中国现在的版图。有人说汉武帝文治武功，千古第一，也有人说汉武帝有亡秦之过，无亡秦之祸。这截然相反的评价实际上都有自己的依据，让我们从不同的角度来看看汉武帝晚年的功与过。

临终托孤

巫蛊之祸最后造成了无法挽回的后果。太子死了，江充死了，经过刘彻重新彻查，巫蛊之祸中的案件多数都是冤狱。这些血案一件件的摆在刘彻的面前，给刘彻的打击巨大。查出的冤案越多，越说明太子是被冤枉的。但是刘彻却碍于面子，一直没有合适的机会为太子平反。

巫蛊之祸一年后的九月，负责看守刘邦陵墓的高寝郎田千秋首先上书为太子鸣冤。田千秋的上书十分有趣，极好地从家天下的角度阐述了太子叛乱事件。他在书中说是梦中一位白发老翁教他说的，他表示太子起兵没什么太大的罪过。首先太子起兵无非就是儿子偷了爹的东西，盗用了爹的军队，没有多大的罪过，揍一顿就得了。第二点就是哪怕太子真的错杀了江充，那么他是皇帝的儿子，也不是什么死罪。

从太子出逃开始，这一年多以来，朝中居然没有一位大臣敢于说实话、说真话，只有在山西壶关掌管教化的令狐茂，还有看守刘邦陵墓的田千秋敢于说真话。朝中的大臣并不是不明真相，而是不敢说。凭着往日的经验，敢于冒天下之大不韪来打汉武帝的脸的臣子，都不会有什么太好的下场。

这次不一样，这次巫蛊之祸真的伤了刘彻的心，刘彻需要一个台阶，而田千秋恰好为刘彻送上了这个台阶。田千秋不是不怕，田千秋同样给自己留了后路。刘彻晚年非常相信鬼神之说，田千秋是看守皇陵的，田千秋所梦见的白发老翁不是神仙就是高祖刘邦。根据高祖刘邦托梦的意思，太子谋反并不是什么大事，只不过是儿子偷了父亲的东西而已。

雪中送炭的田千秋立刻就得到了刘彻的重用，刘彻急于为太子平反，而这个得到神灵授意的田千秋无疑就是最好的助手。找到了台阶的刘彻马上开始为太子平反，他首先任命了田千秋为管理各诸侯国事务和少数民族关系的大鸿胪。其次下令诛杀了那些逼太子走上造反道路的人，首当其冲的就是江充的劝阻，随后还有到甘泉宫告状的苏文。

之后刘彻又在长安修建了思子宫，在太子逃亡隐匿的湖县修建了归来望思之台。刘彻从初得龙子的喜悦，到与太子的貌合神离，再到一怒之下想要杀之而后快，到最后的悲痛欲绝，刘彻明白了只有等到失去的时候才知道失去的东西有多珍贵。他开始反思，开始后悔，不仅仅是巫蛊之祸的事，还有自己的一生。

征和四年（公元前 89 年）二月，刘彻先是钜定视察，并且亲自去农田中犁地，随后又去附近的泰山祭天。刘彻做这些事情的时候，其实心中早已不是当年的那个专横跋扈的刘彻了。他召集群臣，忏悔自己曾经做过的错事，连年征战、穷兵黩武，让百姓痛苦不堪。表示从今以后，要杜绝劳民伤财的事情，还百姓一个太平的天下。

刘彻所做的这些事情与他往日的行事风格完全不同，这是一个信号，是大汉要变天了的信号。刘彻不管是从个人性格，还是从治理国家的政策都已经有了一个巨大的转变，说是改过自新也不为过。

田千秋马上就理解了刘彻的意思，一个月后，田千秋上书汉武帝，说京城之中的巫师、方士实在太多，而且他们满口的怪力乱神，却没有做出过任何实际的事情，不如让他们散了吧。

刘彻马上应允了，将他们遣散，并且经常在群臣面前表示自己的后悔，他经常跟臣子们说这个世界上根本就没有神仙，也没有人能够长生不老。什么炼丹，什么求长生，不过都是胡言乱语罢了。

田千秋这位擅长“闻弦知雅意”的老人数次在其他臣子面前迎合了刘彻的意思，让刘彻十分的喜爱，于是提拔他为丞相，他帝王生涯中的最后一位丞相。

田千秋作为一个守护皇陵的小官，能够迅速地跃升为丞相，简直是个奇迹。不过他也不仅仅是因为上人见喜而一步登天的，他的敢于为太子说话，敢于提出遣散那些怪力乱神的方士，这是一种胆识，也是一种对人心的推测。他知道刘彻后悔杀死了太子，他知道刘彻已经不再相信方士了，在适当的时候提出意见才获得了成功。

与田千秋相反的是，就在刘彻已经传递出了要改变国策的信号，还是有人十分没有眼力地提出与刘彻想法相悖的意见。这个人不是别人，正是刘彻最信任的财政大臣桑弘羊。

桑弘羊建议派士兵去西域的轮台戍边，以往对桑弘羊的意见十分重视的刘彻这次居然毫不犹豫地拒绝了，并且还下了一道诏书来讲述自己的过错，这就是赫赫有名的《轮台罪己诏》。

这份罪己诏中表达了对自己即位以来穷兵黩武、好大喜功，给百姓带来了太多痛苦的愧疚，并且颁布了一系列的法令，拒绝了轮台戍边的请求，减轻了百姓的负担，并且开始全力发展生产。

这份“罪己诏”是中国历史上出现的第一份君王罪己诏，这份自省的精神令人敬佩，从此以后许多君王也都效仿刘彻发布过罪己诏。

刘彻兑现了自己在罪己诏中的承诺，停止了连年对外族的征伐，把国家政策的重心放在了如何发展农业、如何减轻百姓的负担，让社会稳定，让百姓安居乐业上来。他的这些政策让大汉摇摇欲坠的形势重归平稳。

刘彻发布罪己诏，不管是因为真的认为自己有许多过错，还是为了收买人心，抑或是为了宣布国策的转变，总之取得了非常好的成效。

刘彻转变国策原本是计划之外的事情。作为一个聪明的皇帝，他知道大汉所需要的已经不再是连年征战，而是休养生息，不再为百姓带来困扰，但是这一切本应该是太子刘据完成的事情。

刘彻不喜欢刘据，因为他和自己性格不同。但无可否认的是刘据是最合适的皇位继承人，宅心仁厚的刘据成为刘彻的接班人，必定能坐稳江山，让百姓过上安稳的日子。可惜这一些都因为巫蛊之祸而化为了泡影。

刘据去了，刘彻老了，大汉江山总要有一个继承人。刘彻有六个儿子，刘据没了，齐王很早就病死了，皇位必定会在剩下的四位皇子中诞生。所有的人这个时候都紧盯着太子的位置，眼看刘彻的生命已经开始了倒计时，这次立的太子没多久就会成为真正执掌大汉江山的皇帝。

刘彻在卫皇后人老珠黄后，又有过几位宠爱的妃子，其中的李夫人不仅得到了刘彻的宠爱，还为自己的兄弟谋取了高位。李夫人的长兄李广利就是通过李夫人上位的。李广利早在元封五年（公元前 106 年）的时候，对匈奴的作战中就得到了刘彻的重用，成为了大汉对匈奴作战的第三位大将。不过他的上位更多是靠着裙带关系，他的才华与卫青、霍去病不可同日而语。

征和三年（公元前 90 年），大汉再次对匈奴作战，李广利再次挂帅出征，临行之前，和他是儿女亲家的丞相刘屈氂前来送行，两人进行了一次密谈。

当时太子刘据已经去世了，刘彻又没有立新的储君。李广利希望能够让刘屈氂在刘彻面前说说昌邑王的好话，争取让刘彻立昌邑王为新的太子。刘屈氂自然也是希望昌邑王能够成为太子，毕竟他与李广利是儿女亲家，一荣俱荣，于是刘屈氂就应承了下来。

虽然两个人是密谈，但是这个世上没有不透风的墙，他们的话还是被别人听去，告发给了刘彻。虽然可能每个臣子都跟自己要好的朋友私下议论过立太子的事情，但是这事毕竟还是一条大逆不道的死罪，刘彻彻查丞相刘屈氂的时候，还发现了刘屈氂与夫人也在行巫蛊之事。刘彻大怒，将刘屈氂夫妇先后处斩，李广利的妻子也被抓了，只有身在前线的李广利躲过了此劫。

虽然李广利人在前线没有马上被抓捕归案，但是总不能一辈子留在前线吧，回去的时候刘彻还是要秋后算账的。李广利打算靠军功来将功补过，于是行军作战之时处处快马加鞭。然而事情往往是欲速则不达，李广利心急之时屡屡犯错，军队之中又发生内讧，最后居然兵败投降。

李广利替他的外甥谋取太子之位，结果反而起到了反效果，昌邑王就这样无辜受到牵连，提前退出了这场皇储争夺战。

在昌邑王之后，第二个朝着皇位进军的是燕王。汉朝皇帝传位一般是要传给嫡长子的，现在论长幼，刘据已经死了，齐王刘闳也已经死了，下面就轮到燕王刘旦了。燕王刘旦对皇位的事情十分上心，生怕皇位落到别人头上，于是主动上书刘彻，表示愿意跟在刘彻身边为他当个侍卫。

刘彻何其精明，怎么可能不知道他是为什么想要进宫的。于是怒斥燕王，并且斩杀了燕王的使者。这样刘彻的气还没消，刘彻又派使者去燕国调查燕王平日的所作所为。燕王本人的行为本来就不太规矩，他家中藏匿着亡命之徒被逮了个正着，被判了个私藏逃犯的罪过，削去了三个县的封地。

燕王的弟弟广陵王刘胥目无法纪，行为不端，刘彻对他的不满由来已久，广陵王自己也知道立储君这事自己肯定没戏，于是也没有去参加储君的争夺。

刘彻晚年的时候最最宠爱的妃子莫过于钩弋夫人莫属，而钩弋夫人的儿子刘弗陵身强体健，才思敏捷，也深得刘彻的喜爱。不过刘弗陵年纪太小，并不适合作为储君。刘彻此时身体状况每况愈下，刘弗陵没有时间像刘彻一样坐上九年的太子，没有足够的时间成长。如果想要立刘弗陵为太子，那么刘彻必须要找个可靠的臣子，将刘弗陵托付于他。

这事如果放在刘彻年轻的时候，必定会让臣子们当庭进行一番辩论，最终选出一位符合他心意的臣子。但是如今的刘彻已经不再是那个锋芒毕露的少年，而是一位充满智慧的老人。他在脑海之中将所有得力的臣子翻来覆去的比较，最终选择了霍光作为他托孤的对象。刘彻选择霍光托孤是经过深思熟虑的。霍光与霍去病是同父异母的弟弟，霍去病才华横溢，霍光也不差。而且霍光十几岁就进宫，从小就老成练达、谨小慎微、心思细腻，为官二十年从未出过什么差错。

刘彻没有明确地告诉霍光，但是却给了霍光一些暗示。他赏赐给霍光一幅画，画的是周公背成王觐见诸侯。刘彻选这幅画的意思就是让霍光效仿周公，他打算将自己的儿子托付给霍光。霍光一看到画内心就明白刘彻的意思了，不过时机未到，他还是假装没有识破内中的意思，对刘彻的赏赐表示了感谢。

后元二年（公元前 87 年），刘彻的人生已经走到了尽头，在病榻之前，霍光哭着询问刘彻，如果皇上去了，那么由谁来继承大统。刘彻告诉霍光，“我送你那幅画的意思你还不明白吗？立幼子刘弗陵为太子，你就来做周公吧。”霍光谦让，说金日磾比他更加合适，金日磾以自己不是汉人为由进行了推辞，最终还是定位霍光。

后元二年正月，刘彻正式下诏，立刘弗陵为太子，霍光、金日磾、上官桀、桑弘羊、田千秋五人为辅政大臣。在下诏之后的第三天，刘彻就与世长辞了。

在刘彻确认要立刘弗陵为太子的时候，就提前准备好了所有的事情，其中就包括除掉刘弗陵的生母钩弋夫人，这就是有名的“杀母立子”。

刘彻先是不停地找钩弋夫人的麻烦，并且非常严厉凶狠地斥责她。一直深受宠爱的钩弋夫人何时受到过汉武帝如此严厉的斥责，摘下自己的首饰不停地叩头。但是刘彻杀意已决，派侍卫将钩弋夫人押送到宫中的监狱，并且很快下达了处死钩弋夫人的诏令。

刘彻为何对自己的宠妃如此薄情呢？自然有他的一番道理。刘彻娶钩弋夫人的时候已经是一位老人了，而钩弋夫人还是年方二八的妙龄少女。等到刘彻自知生命已经走到尽头的时候，钩弋夫人还是个年轻貌美的少妇。将来幼主刘弗陵登基，年轻的钩弋夫人位高权重，要是寂寞了，难免会做出淫乱之事。到时候幼主还很年幼，霍光毕竟是个臣子，又有谁能够管得了皇帝的母亲呢？钩弋夫人如果不干政还好，如果钩弋夫人干政，那么霍光的辅政之路将会非常难走。

在这之后，刘彻走完了他的人生之路，享年七十岁。他在位五十四年，有过文治武功，也曾有穷兵黩武；有爱民之心，也曾好大喜功。刘彻的一生是充满了争议的一生，那么刘彻究竟是个什么样的人？刘彻的功过又要怎么评说呢？

文治武功

汉武帝一生之中最喜欢的就是廾疆辟土，也希望以此能够流芳百世。汉武帝也的确做到了，在他的手中，汉朝的疆土比秦朝时增加了一倍。

在汉武帝的一生当中，用兵次数最多、时间最长的就是与匈奴的作战。早在建元元年（前 140 年），汉武帝刚刚执政时，匈奴的问题就开始困扰他。当时匈奴十分嚣张，经常侵扰大汉边境，而西域地区对于大汉来讲，更是一片没有涉足过的处女地。

在汉武帝之前，汉朝对于匈奴一直采取的是将公主嫁去匈奴的和亲政策，每年还要进贡给匈奴大量的财物，才能获得极其短暂的和平。骄傲的汉武帝是不屑用这种软弱的方法换取和平的，这时的汉朝经过多年的休养生息，已经有了抗击匈奴的实力。野心勃勃的汉武帝加上国力渐强的大汉，击败匈奴似乎并不是什么不可能的事情。

建元二年（公元前 139 年），汉武帝开始寻求与其他国家联合，成立一个反匈奴联盟，于是派遣张骞出使大月氏。张骞出使西域，虽然没有顺利地完成建立反匈奴联盟的任务，但张骞开辟了丝绸之路，从此东西方的商品可以更好地流通，经济可以更好交流，同时将汉朝的势力扩展到了西域地区。

在即位八年后，也就是元光二年（公元前 133 年），汉武帝第一次组织军队出征匈奴。虽然没有一举建功，二十四岁的汉武帝并没有因为失利而一蹶不振，反而让他看见了希望，让他确定了匈奴并不是不可战胜的。从此以后汉武帝彻底抛弃了大汉已经用了七十年的和亲策略，转而开始武力征伐匈奴。

汉武帝的意见当时并没有得到朝臣的赞同，无论是老成稳重的臣子，还是激进冲动的臣子，都与汉武帝持相反意见。但是汉武帝却没有一丝动摇，他开始亲自负责战事的问题，从调兵遣将到制订计划，事无巨细都要过问。在同匈奴作战的同时，他还向其他的方向开疆辟土，汉武帝用大汉的铁蹄描绘出了现代中国版图的基本框架。

这44年的南征北战，为大汉打下了大片的疆土，后人提起来的时候，李广、卫青、霍去病这些名将都广受称赞，但是背后的汉武帝却很少被提及。没有汉武帝的运筹帷幄，就绝对没有这些名将的一次次胜利。所以，他们的军功奖势必要有汉武帝的一半。但是这44年里，赋税繁重，百姓生活苦不堪言，这个责任也是要由汉武帝来负的。

多年的对外战争，有胜利也有失败。汉武帝任人唯亲，因为喜欢汗血宝马而派李广利出征大宛，两年征战遭遇了难堪的惨败，这也让他的武功染上了污点。

除了武功，汉武帝的文治也是功劳赫赫。他“罢黜百家，独尊儒术”，确定了汉朝的官方思想，为更好地发展政治打下了基础。创办了各级学校，设立了举贤制度，完善了中国的文官体系，为选拔人才提供了更好的途径。

凡事都有两面性，独尊儒术有优点，自然也有缺点。

首先，汉朝时的儒家思想认为道德是最重要的东西，教化可以解决一切难题，只要人人自制、自律、自省，那么这个社会将是非常安定的。这种想法主要是依靠人的自觉性，自己管束自己，社会能否稳定完全取决于个人的素质。这种忽视法制，看重人的自律性的做法导致了有强权，没规矩，个人专制代替法制，政治不可能走上民主的道路。这种思想影响了中国封建社会几千年，始终无法建立一个合理的法治社会。

其次，汉朝时的儒家思想对人民的要求是违背人性的。儒家思想用纲常将人际关系中每个人的定位模板化了。无论是君臣父子夫妻之间，都要扮演好自己的角色。人与人之间不是平等关系，地位高下很是分明。

这样就造成了官员的地位高高在上，百姓奴性思想严重的现象。为官员收受贿赂提供了机会，也使得人民与官员泾渭分明。

最后，汉朝时的儒家思想对于选拔人才具有很大的限制性。儒家思想用道德作为评选人才的标准，道德上完美无缺的人未必就有真才实学。而且儒家思想中官贵民贱，做官几乎成了百姓心中最好的目标。想当官的人那么多，官位却那么少。这导致许多人为了做官而不懈努力，但是能当官的却只有极少数的人。许多人才因此遗憾终身，如果这些人能够投入到别的事业上，也许会成就其他的事业。

汉武帝在征和四年（公元前89）发布了《轮台罪己诏》，开辟了公开罪己的先河。在公众面前评论自己，汉武帝可以说是极具勇气，这不代表他不注重名誉，反而代表了他特别在意荣誉。就是这样一位爱惜名节的皇帝，最终却迎来了毁誉参半的评价。

汉武帝获得这样的评价，与他的性格关系很大。他有冷静明智的一面，也有冲动的一面。他懂得身为一个好皇帝应该做什么，但是却又总是被自己的情绪所支配。他看得清怎么做是最好的选择，但是也困惑于七情六欲而做出后悔的事情。汉武帝是个纯粹的人，人性的闪光点和人性的丑恶都在他身上体现得淋漓尽致。面对复杂的人性，我们很难以简单的好坏来评论他，他做的好事可能是为了笼络人心，他做的坏事也可能只是无心之失，他是个皇帝，我们很难单纯的分析他，当一切事情跟他皇帝的身份联系起来的时候，就显得不那么清楚了。